동학에서 미래를 배운다

동학에서 미래를 배운다

ⓒ 백승종 2019

초판 1쇄	2019년 5월 2일
초판 3쇄	2022년 4월 21일

지은이	백승종

출판책임	박성규	펴낸이	이정원
편집	이동하·이수연·김혜민	펴낸곳	도서출판 들녘
디자인	고유단	등록일자	1987년 12월 12일
마케팅	전병우	등록번호	10-156
경영지원	김은주·나수정	주소	경기도 파주시 회동길 198
제작관리	구법모	전화	031-955-7374 (대표)
물류관리	엄철용		031-955-7381 (편집)
		팩스	031-955-7393
		이메일	dulnyouk@dulnyouk.co.kr

ISBN   979-11-5925-407-9 (03910)

동학에서 미래를 배운다

백승종 지음

사상적 여행의 지도

"동학에서 미래를 배운다."

강좌의 이름을 이렇게 정했지요. 이제부터 제가 여러분을 어디론 가 인도해야 할 텐데요. 동학을 통해서 여러분을 설마 과거로 데려 갈 수야 있겠습니까? 그럴 수는 없겠지요. 그럼 동학을 통해서 우 리 사회의 현실적인 문제를 해결하겠습니까? 역시 청년인 여러분 과 학자인 저로서는 아무래도 어찌할 수 없는 일일 것입니다. 결국 우리가 여기서 할 수 있는 일이란 동학을 통해서 미래의 길을 여는 것이지요. 쉬운 일은 아닐 것입니다.

저는 여러모로 많이 부족한 사람이에요. 그래서 특별한 지혜가 담긴 말씀을 여러분에게 선사할 입장이 조금도 못 되지요. 여러분 과 함께 지난 역사를 더듬는 가운데 우리 역사에서 찬란한 빛을 뿜었던 동학으로 무엇인가 중요한 가르침을 얻을 수 있기를 바라고 또 믿습니다.

이 강좌를 저는 다음과 같이 설계했어요. 첫 번째 강의에서 동학 의 중요한 가르침이나 정치사회운동으로 곧장 들어가지는 않아요. 19세기 후반, 동학이 처음 등장하게 될 때까지의 역사를 곰곰 생각해보려고 합니다. 말하자면 동학의 사회·문화적 배경을 살피려는 거지요. 그런 뜻에서 제1강은 '『정감록』에서 신종교로'라는 제목을 달았어요. 동학이라고 하는 새로운 사상이 움트기 전, 우리 사회에서 어떠한 문화적 흐름이 있었는가를 새로운 관점에서 짚어보려는 것입니다.

다음으로, 두 번째 강의에서는 동학사상의 핵심이 무엇인지를 검토할 것입니다. 무엇보다도 동학을 일으킨 수운 최제우(崔濟愚, 1824~1864)라는 분이 누구인지를 따져봐야겠지요. 또한 그의 뒤를 이은 해월 최시형(崔時亨, 1827~1898)의 사상에는 어떤 특별한 점이 있었는지를 살펴볼 것입니다. 전하는 말에 따르면, 최시형은 까막눈이었다고 합니다. 한문을 모르는 순수한 평민이었다는 이야기지요. 그런데 이 까막눈 최시형이 실로 대단했어요. 자세한 이야기는 본문에서 하겠습니다만, 최시형과 최제우에게서 동학의 근본정신을 듣는 것이 둘째 강의의 목적이지요.

세 번째 강의에서는 동학이 동학답게 떨쳐 일어난 정치사회운동에 관해 이야기해보려고 합니다. 1894년에 일어난 동학농민운동의 본질을 생각해보자는 것이지요. '새야 파랑새야, 녹두밭에 앉지 마라'라는 구절로 시작하는 동요를 모를 사람은 거의 없을 것 같아요. 구슬픈 곡조의 이 노래는 동학농민운동의 좌절을 말하고 있는 듯 보이는데요. 동학은 그저 듣기 좋은 가르침만이 아니라는 점에서 특별하다고 할 수 있어요. 실천을 매우 강조했다는 말씀이지요.

동학농민의 실천적 운동을 혁명이라고 부르는 이도 있고, 또 한쪽에서는 농민전쟁이라고도 하지요. 저는 '운동'이라고 부르겠어요. 영어로 '운동(movement)'이라는 말이 포괄적이기 때문이지요. 동학농민들이 누군가를 상대로 전쟁이나 혁명을 일으켰다기보다는 사회·문화적으로 대대적인 혁신운동을 시작했다고 보는 것이 제 관점이지요.

끝으로, 네 번째 강의에서는 동학이 우리에게 주는 교훈이 무엇인지를 생각해보고 싶어요. 앞서 '동학에서 미래를 배운다'고 말했는데요, 이는 동학의 역사와 우리의 현재를 통찰할 때 비로소 가능한 일이겠지요. 통찰의 힘은 누구나 얻기를 바라겠지만, 쉽게 도달하기란 어렵기 마련입니다. 제 부족한 학식으로 과연 통찰이 가능할지 모르겠습니다만, 강의를 시작하는 마당이라 큰 꿈을 가져봅니다.

과거란 이미 지나가버린 것이지요. 하지만 바로 과거의 그늘에 묻힌 역사가 있었기에 우리의 오늘이 있습니다. 장차 우리가 열어 갈 미래라고 하는 것은, 먼 과거로부터 현재를 통해 흘러가는 유장한 역사의 강물과 같다고 생각합니다. 물론 역사가 미래를 철저히 구속하는 것은 아닐 터입니다. 만일 우리에게 강력한 의지가 있다면 역사적 흐름을 완전히 뒤바꿀 수도 있겠습니다. 인류의 역사를 살펴보면 그런 일도 꼭 불가능하지만은 않습니다.

저는 이른바 '역사적 결정론'을 주장하는 사람이 아닙니다. 과거의 역할을 지나치게 강조하는 역사주의가 세상에 널리 퍼지기기를 소망하는 것도 아닙니다. 그럼 역사란 무엇인가요? 저는 우리의 현실을 비추는 하나의 거울이라고 생각해요. 여행자의 필수품인 지도와 같은 것이지요.

이 책은 2014년 하자센터에서 열렸던 네 차례의 강의를 바탕으로 새로이 엮은 것입니다. 앞으로 네 차례에 걸친 이 강의를 통해서, 우리의 선조들이 동학의 이름으로 이루고자 한 꿈이 무엇이었는지를 정확히 알아보고 싶어요. 바로 그 연장선상에서, 우리는 장차 무엇을 어떻게 변화시킬 수 있을지도 생각해보려고 해요. 우리가 함께하는 시간이 역사의 새 길을 여는 준비의 시간이 될 수 있으면 다행이겠습니다. 뜨거운 마음으로 강의 시간을 함께한 청년 여러분께, 그리고 좋은 기회를 만들어준 하자센터의 여러 선생님들께 깊이 감사드립니다.

2019년 4월

평택 석양재(石羊齋)에서

백승종 씀

차 례

제1강

동학이 나오기까지.
모든 것이 『정감록』에서
비롯되었네

첫째 강의에서 다룰 이야기는 다섯 가지입니다. 여러분의 동학 여행을 안내할 제 첫 이야기가 어쩌면 여러분에게 낯선 것일지도 모르겠어요. 비밀결사의 전통에 대해서 말하려고 하거든요. '비밀결사'라면, 그 말만 들어도 으스스한 느낌이 들지요. 여러분이 학교에서 배운 역사 교과서에는 이런 표현이 아마 없었을 테지요. 그런데 비밀결사의 전통이 우리 역사에 실제로도 있었고, 거기서 동학이라는 새로운 종교가 나왔다는 것이 제 이야기입니다.

두 번째로 나눌 이야기는 그 비밀결사의 중심에 누가 있었는가 하는 점이죠. 역시 여러분에게는 아주 새로운 이야기가 아닐까 싶습니다. '평민지식인'이 큰 역할을 했다는 설명을 해보겠습니다. 여러분이 지식인이라는 말은 들어봤겠지만, 그런 개념을 조선시대에도 쓸 수가 있겠는가 하고 의아해할지도 모르겠어요. 게다가 평민이 지식인이라니, 이건 좀 이상하다는 생각이 들겠지요.

그러나 여러분, 학교에서 배우는 지식이 잘못된 것은 물론 아니지만, 학교 교육에서 배우는 내용은 대체로 좀 보수적인 것입니다. 제 강의는 일단 교과서와 좀 거리가 있을 테지요. 학자들 중에서도 아마 제 의견에 수긍하지 못하는 분들이 조금은 있을 수 있다고 봐요. 그러나 제가 연구한 결과로 보자면 분명히 평민지식인들이 상당수였다고 볼 수밖에 없답니다.

그 평민지식인들이 결국 역사에 새로운 흐름을 형성했어요. 그들이 『정감록』에서부터 신종교인 동학의 탄생에까지 이르는 먼 길을 앞장서 열어갔다는 말씀이지요. 이렇게 얘기해볼 수도 있을 겁니다. 이 책을 읽는 여러분도 어쩌면 '현대의 평민지식인'이 아닐까요? 지금 대단한 특권을 누리는 사람들도 아니고, 장차 한 사람의 시민으로서 우리 사회의 여러 부문에서 제 역할을 맡아서, 누가 보든 안 보든 자신의 삶을 충실하게 꾸려갈 여러분이니까요. 그런 점에서 평민지식인에 관한 제 이야기는 200년 전의 우리 이야기라고 생각해주시면 매우 감사하겠어요.

세 번째 이야기는 조선후기에 들어서 평민지식인들이 역사의 전면에 나서게 된 동기를 캐묻는 거죠. 그들이 왜 사회·문화적으로 활발한 움직임을 보이게 되었을까요? 그들의 역할과 동기를 좀 자세히 알아봐야 되겠습니다. 여러분의 궁금증이 큰 것 같아서, 미리 간단히 말씀드려볼까요. 이는 조선 사회의 사회적 안전망을 구성하던 '사회적 합의'가 파괴되어서 그랬다고 하겠습니다.

아마 이 책을 읽는 여러분들도 비슷한 심정일 때가 많지 않을까요? 현대의 한국 사회도 여러 면에서 많은 고민을 안고 있지요. 사회를 안정적으로 유지하는 많은 요소가 위기에 부닥쳐 무너지고 있어요. 실업률도 높고, 자살률 역시 매우 높은 형편이지요. 이 역시 건강한 사회를 만들고자 하는 많은 시민들의 바람을 저버린, 일종의 규약 위반으로 볼 수가 있을 겁니다.

오늘날 우리 사회는 청년들에게 아무것도 보장해주지 못하고 있어요. 공부를 열심히 잘해도, 규칙을 잘 지키며 일을 열심히 해도 장차 어떻게 될지 전혀 알 수가 없지요. 어른들은 청년들에게 무조건 열심히 하라고 주문할 뿐이지요. 정작 어른들은 청년들을 어떻게 상대해야 할지를 전혀 모르고 있어요. 세대 간에도 서로 지켜야 할 일종의 사회적 묵계 같은 것이 있는 법인데, 그걸 어른들이 잘 지키지 못했다고 봅니다. 결과적으로, 우리 청년들의 행복도가 형편없이 낮아진 것이 아닌가 합니다.

요컨대, 세 번째 얘기는 사회적 합의가 깨지는 것이 얼마나 위험한가를 말하려는 거지요. 조선시대에도 나름대로 사회 내부의 안정을 보장하는 일종의 합의가 존재했는데, 그 합의가 깨지고 말아서 많은 사람이 비밀조직 같은 것을 만들었다, 그들은 미래에 대한 희망을 포기할 수 없어서 새로운 종교 혹은 새로운 사상을 싹틔웠다는 것입니다.

네 번째는 좀 더 과감하게 조선후기의 사회·문화적인 상황을 스케치하는 일이지요. 제1강의 핵심이 사실 그 점에 있다고 봐요. 그건 결국 '대항 이데올로기'의 탄생에 관한 설명인 셈입니다. 알다시피 조선 사회를 지배하던 이데올로기란 성리학이었어요. 이미 14세기 말부터 성리학은 정치·사회·문화적으로 영향력을 널리 확대했어요. 이는 여러 면에서 긍정적인 효과를 낳았어요. 그러나 조선후기가 되면 상황이 바뀌었어요. 17세기 이후 성리학은 점차 보수화 되었고, 청산돼야 할 과거의 유산이 되었던 거죠.

그렇기에 성리학의 아성을 깨려는 움직임이 다양하게 나타났지요. 저는 그 움직임을 기성 이념에 대항하는, 새로운 이데올로기의 탄생이라는 점에 초점을 맞춰서 설명하고 싶어요. 여러분이 이 책을 읽는 것도 큰 틀에서 보면 미래 사회를 위한 새로운 이데올로기를 만드는 과정의 일부가 될지도 모르겠네요. 여러분 제 말씀에 동의하지 않으세요?

오늘날 세상을 지배하는 이데올로기가 뭐라고 생각하십니까? 돈이라고 봐야겠지요. 고상한 말로 해서 자본주의라고 하겠지요. 조금 더 현대적으로 표현하면 어떻게 될까요? 아마 신자유주의라고 말해도 무방할 정도지요. 신자유주의와 자본주의는 조선후기로 치면 성리학과 비슷한 거지요. 그 틀을 과감히 부수고 새로운 '대항 이데올로기'를 만든다면, 그것이 곧 미래의 동학이라고 생각해요. 여러분이 많이 공부하고 열심히 생각해서 얻어낼 새 시대의 동학은 무엇일까요? 저는 그 점이 매우 궁금해요. 그러나 아직은 여러분도 저도 그 실체가 무엇일지를 자신 있게 말하기 어렵겠지요.

어쨌든 여러분이 여기저기서 읽고 배우는 책들 중에는 이미 새 시대를 열어젖힐 대항 이데올로기의 싹이 숨어 있다고 생각합니다. 바로 말해 '탈핵' 같은 거죠. 에너지 전환이라든가, 생태 전환도 비슷한 것이지요. 여러분은 아마도 이런 다양한 요소들을 가슴속에서 녹여간다면 결국 새 시대의 대항 이데올로기를 만들리라 기대해요. 그리하여 여러분은 21세기의 총아가 될 거라고 전망합니다.

조금 어려운 말을 써서 '회통론(會通論)의 승리'가 일어날 것이라고 보이는군요. 회(會)는 모은다는 뜻이죠. 통(通)은 서로 통한다는 의미입니다. 회통론이란 결국 여러 생각과 이념을 꿰뚫는 근본적인 원리를 발견할 때 가능한 것이죠. 가령 제가 여러분에게 설명하려는 동학만 해도 유교와 불교, 그리고 도교를 녹여서 새로운 사상으로 만들어낸 것이지요. 전통적인 요소를 모두 합쳤는데요, 하나도 배제하지 않으면서 여러 사상에 내재된 공통의 함수를 추출했다고 볼 수 있겠습니다.

장차 여러분이 만들어낼 새로운 대항 이데올로기도 아마 그렇지 않을까, 조심스레 전망해봅니다. 탈핵과 에너지 전환, 생태 전환, 녹색의 가치, 시민의 자유, 풀뿌리 민주주의 등 여러 개념을 일관하는 하나의 위대한 사상이 새로 형성되지 않겠어요? 저는 그것이 바로 우리가 애써 찾고 있는 '미래의 동학'일 거라고 생각해요.

끝으로 다섯 번째는 이상의 네 가지 이야기를 아우르는 결론이지요. 어떤 결론이 내려질지 궁금하지 않으세요? 자 그럼 이제 이야기보따리를 하나씩 풀어봅시다.

비밀결사의 역사

아무리 뒤져보아도 우리 역사책에는 '비밀결사'라는 말이 거의 나오지 않아요. 비밀결사란 표현 자체가 너무도 위험한 탓일까요. 그런데 이웃 나라인 중국의 역사만 봐도 비밀결사에 관한 설명이 자주 등장하는 편입니다. 이미 고대부터 있었고, 그 후에도 이따금 비밀결사가 일어나곤 했지요. 정말 큰 사건은 14세기 말, 우리나라에는 조선왕조가 들어설 무렵에 벌어졌어요. 조선이 세워진 때보다 조금 더 먼저 중국에는 명나라가 들어섰고, 그에 앞서 원나라가 있었습니다. 몽골족이 천하를 지배한 그 나라인데, 원나라의 지배가 끝나갈 무렵 중국 역사에 엄청난 비밀결사가 등장하지요. 바로 '백련교(白蓮敎)'와 관계가 깊었어요.

서양에서도 관련된 연구가 많은 편인데요. 백련, 그러니까 하얀 연꽃을 영어로는 '화이트 로터스(white lotus)'라고 하는데, 우리의 미륵신앙과 비슷한 점이 있어요. 순전한 불교는 아니지만, 미륵신앙의 영향을 받았다는 것이 통설이지요. 그럼 미륵신앙이란 무엇인가요? 미륵부처를 믿는 신앙이라는 것인데, 알다시피 미륵은 현재의 부처가 아닙니다. 미륵은 오랜 옛날부터 '보살'로 도솔천(兜率天)에 머물고 있다지요. 먼 훗날 세상에 내려와 만민을 제도(濟度), 곧 구원한다고 하지요.

그럼 부처와 보살의 차이는 무엇일까요? 인도의 고대 언어인 팔리어로 부처는 '붓다(Buddha)'라고 해요. 붓다의 음역(音譯, 소리를 기준으로 한 번역)이 부처인 거고요. 보살은 말이지요, 팔리어로 '보디사트바(Bodhisattva)'라고 합니다. 사실 알고 보면 보살 역시 보디사트바를 음역한 것이지요. 보살이란 아직 부처가 되지는 않았지만 이미 부처가 될 자격을 가진 존재입니다. 그러니까 보살이나 부처는 거의 같은 수준의 존재라고 할 수 있겠죠. 보살은 중생, 곧 인간을 비롯해 우주에 존재하는 다수의 깨치지 못한 존재들을 동정해서 부처가 되기를 스스로 미룬 특별한 분들이죠.

잠깐 미륵에 관해 알아보겠습니다. 여기서 중요한 것은 미륵이라고 하는 보살, 팔리어로는 '마이트레아(Maitreya)'라고 하는 이 특이한 존재가 미래 사회의 구원자로 예정되어 있다는 이야기입니다. 제가 예전에 수년간 불교를 공부했는데요, 미륵보살은 불교의 여러 보살 가운데서도 비교적 늦게 등장했다고 합니다. 서양의 종교학자들이 쓴 책을 읽어보니, 미륵보살이란 아무래도 페르시아의 고대 종교인 조로아스터교의 영향을 받아서 생긴 것 같다고 해요. 또 어떤 학자들은 기독교의 구원자인 예수의 영향으로 등장했다고도 하는데요. 어느 쪽 말이 옳은지 잘 모르겠어요.

어쨌거나 미륵은 구세주라는 점에서 특별한 존재지요. 구세주란 불교의 일반적인 성격과는 약간 어긋나는 듯하지요. 우리가 다 아는 내용이지만, 불교의 가르침에 따르면 누구나 열심히 노력하면 부처가 될 수 있다고 하니까요. 자신을 구원하는 것은 바로 자기 자신인 셈이죠. 그런데 미륵신앙에 따르면, 양상이 좀 다르게 전개될 수 있어요. 미륵신앙의 경전은 여러 가지가 있고, 그중에서 특히 세 가지가 널리 알려져 있어요. 하나는 『미륵상생경(彌勒上生經)』, 또 하나는 『미륵하생경(彌勒下生經)』이라 하고요. 마지막 하나는 『미륵성불경(彌勒成佛經)』이라고 말합니다.

미륵보살이 도솔천에서 수도를 계속하며 미래 세상을 열 준비를 하고 있다는 주장을 담고 있는 것이 『미륵상생경』이지요. 과거 우리나라의 삼국시대와 신라시대에는 귀족과 왕족 들 사이에서 미륵신앙이 인기를 끌었어요. 그때의 미륵신앙은 『미륵상생경』이 묘사하는 도솔천에 태어나기를 꿈꾸었어요. 이 세상을 마친 다음 도솔천에 다시 태어나고 싶다, 거기서 미륵보살을 모시고 정진하고 싶다는 마음이 우러나게 하는 것이 곧 미륵상생의 신앙이었어요. 보통 사람은 목숨이 다한 뒤에 영원한 극락세계로 들어가지 못하니까요. 바로 극락에 갈 자신이 없는 우리로서는 도솔천에 태어나는 것이 최상의 염원이라는 거죠.

아마 여러분도 서정주라는 시인이 쓴 시 한 편을 아실 것입니다. 「춘향유문(春香遺文)」은 춘향에 관한 시였지요. 거기에 보면, 춘향이 도솔천에 가 있다고 하는 내용이 나와요. 도솔천이라고 하는 하늘 세계, 미륵보살이 주재하는 그곳에 머물며 수도하는 이들은 나중에 미륵보살을 모시고 이 세상으로 다시 내려온다고 하지요. 지상으로 내려온 그들은 성불하게 될 거고요. 한마디로, 미륵상생의 신앙에서는 인간이 세상을 떠날 때 도솔천에 태어나기를 바라고 믿는 것이 핵심입니다.

우리 역사를 보면, 시간이 흘러감에 따라 점차 미륵상생의 신앙이 미륵하생의 신앙으로 바뀌어간 것을 알 수 있습니다. 상생신앙이 소멸됐다기보다는 하생신앙이 영향력을 키워갔다고 봐야겠지요. 미륵하생이 무엇인가요. 미륵부처가 세상에 내려온다는 거지요. 불교 경전에 따르면 처음 불법이 세상에 등장하고 나서 무지무지하게 많은 세월이 지난 다음 미륵보살이 인간 세상에 내려온다고 합니다. 이른바 정법(正法)의 세상이 말법(末法)이 되고, 부처님의 말씀에서 아득히 멀어진 세상에 그런 변화가 일어난다고 하지요. 미륵이 땅에 내려오면 어떤 일이 생길까요? 지상이 낙원으로 변한답니다. 지상낙원이라니요? 그에 관해서 자세한 설명이 경전에 실려 있어요.

몇 가지만 예를 들어볼까요. 밤에도 환하게 불이 켜지고, 길가는 평탄하고 먼지가 하나도 없을 만큼 깨끗해지고, 사시사철 날씨가 고르고 순조로워서 자연재해가 사라집니다. 금과 은 같은 보물이 흔해지고, 사람들이 이를 전혀 귀하게 여기지도 않을 정도가 된다지요. 이때가 되면 사람들의 수명이 엄청 늘어나고, 곡식은 한 번 씨앗을 뿌리면 두 번 세 번 거둘 수 있게 되니 굶주리는 사람이 사라지고요. 옷 같은 것도 일부러 수고롭게 베를 짜고 옷을 짓지 않더라도 나뭇가지에 다 걸려 있어 필요한 사람이 가져다 입기만 하면 된다지요. 소변이나 대변 같은 오물도 일을 보고 나면 땅이 쫙 갈라져 그 안으로 순식간에 사라진다고 했어요. 그처럼 풍요롭고 아름다운 세상이 미륵하생의 날들이에요. 완전히 낙원이라고 봐야지요. 그런 유토피아에서 살고 싶다, 어서 빨리 그런 유토피아가 실현되었으면 좋겠다고 바라는 신앙이 바로 미륵하생의 신앙인 것이죠.

바로 이와 같은 미륵하생의 신앙이 중국의 민간신앙에 큰 영향을 준 것이 여러 번이었어요. 그중 대표적인 것이 원나라 말기 중국에서 크게 일어난 '백련(白蓮)운동'이었죠. 백련교의 비밀결사였던 것입니다.

그 단체에 속한 사람들은 미륵이 나타났다며 미륵보살이 출현한 이 세상에 새로운 질서를 만들고자 동분서주했어요. 그들은 현재의 세상을 지배하는 악의 세력을 몽땅 제거하겠다고 소동을 피웠어요. 아마 여러분이 국사책에서 읽어봤으리라 짐작합니다만, 고려 말기에 우리나라에까지 쳐들어온 '홍건적(紅巾賊)'이라는 도적 떼가 바로 그런 비밀결사였어요. 홍건적이라면 우리 사회를 괴롭힌 악당과도 같은데, 그들은 단순한 도둑이 아니라 특수한 단체였던 것입니다. 빨간색 두건을 머리에 쓴 사람들이라서 홍건적이라고 했어요.

중국 역사에서는 여러 차례 백련교를 표방하는 비밀결사가 등장했어요. 남송 때부터 이 운동이 시작되었어요. 불교와 민간신앙이 뒤섞인 이 단체는 기본적으로 미륵하생의 신앙, 또는 그와 유사한 지향점을 가지고 있었던 것입니다. 그래서 그들은 즉각적으로 이 땅에 지상낙원을 건설하려고 했지요. 바로 그러한 점 때문에 그들은 가난한 백성들로부터 환영을 받았으나, 지배층과는 매우 불편한 관계에 놓였습니다. 기득권층의 탄압이 심했어요. 그러니까 이런 집단은 비밀리에 조직을 결성했던 거지요. 그런 비밀결사들이 중국의 역사에서는 나타났다, 사라졌다를 되풀이했고요. 명나라를 세운 명 태조 주원장(朱元璋)은 바로 홍건적의 우두머리였습니다. 그런데 그는 일단 권력을 쥐자 더 이상 백련교도로 행세하지 않았어요. 유교를 국가 이념으로 내세운, 전통적인 의미의 제왕이 되고 말았어요.

우리 역사에서도 그런 비밀결사단체가 적지 않았어요. 중국보다 더 많았을지도 모를 만큼 엄청나게 많았어요. 그런 단체가 등장한 시기도 멀리까지 거슬러 올라갑니다. 궁예(弓裔)라는 불행한 왕이 있었잖아요. 그는 자기 자신이 미륵보살의 화신이라고 주장했지요. 그래서 자기는 남의 마음속을 환히 꿰뚫어보는 능력, 곧 관심법(觀心法)을 깨쳤다고 했잖아요. 이런 궁예가 강원도 오대산 밑에서 미륵하생 신앙을 통해서 한 나라를 세웠던 겁니다. 그것이 곧 후고구려 또는 태봉이라는 나라였지요.

처음에 궁예는 산적 양길(梁吉)을 추종하는 일개 부하였으나, 나중에 세력을 키워 왕이 되었다고 하지요. 궁예만큼 크게 성공하지는 못했다 해도, 아마 그와 유사한 여러 비밀결사가 존재했을 거라고 봅니다. 궁예가 왕이 된 배경에는 '비밀결사의 유행'이라고 하는 시대적 분위기가 어느 정도 반영되어 있었을 것으로 추측됩니다.

궁예의 부하였던 왕건(王建)이 세운 나라, 고려에서도 비밀결사의 흔적이 뚜렷합니다. 명나라 태조 주원장이 황건적을 하던 시절쯤이었지요. 『고려사』에는 이금이라고 하는 이상한 사나이가 등장하지요. 이금은 신종교의 창건자로, 나중에는 관헌의 탄압을 받고 목숨까지 잃게 되는데요, 사실 그를 추종하던 사람들이 아주 많았어요. 제가 연구해보니 이금 일파도 미륵하생의 신앙을 근간으로 삼은 비밀결사였어요. 그들은 곧 세상을 바꿀 수 있다, 곧 낙원이 완성된다는 주장을 하며 세력을 키웠어요. 이금은 채식을 실천하며, 새로운 세상의 도래를 약속했지요. 많은 사람들, 특히 다수의 무당들이 그를 따랐다고 해요. 신자들 중에는 일부 고관대작들까지도 포함되어 있었다고 하니, 그 규모와 위세를 대강 짐작할 만합니다.

우리나라도 그렇고 중국에서도 비밀결사의 전통은 후대에도 계속 이어졌어요. 가장 전형적인 것이 중국 근현대사에 보이는 '태평천국의 난'이라는 사건입니다. 1851년부터 1864년까지, 10여 년 동안 버젓한 국가를 세워 타이핑 또는 태평(太平)이라고 나라를 운영했지요. 그 중심에 홍수전(洪秀全)이라는 신종교 지도자가 있었지요. 그는 예수의 아우를 자처하며 지상천국의 이상을 펼치려 했어요. 19세기에는 서양 세력이 중국에 뚜렷하게 진출했기 때문에 미륵신앙과 서양 종교인 기독교가 교묘하게 뒤섞여, '태평천국운동'으로 나타났다고 볼 수 있어요.

또 1900년경 중국에는 의화단이라고 하는 민족주의 단체가 결성되어 서구 세력과 충돌했지요. 의화권(義和拳)이란 일종의 무술을 매개로 발전한 비밀결사단체로, 백련교의 일파였어요. 그들은 외세를 몰아내고 중국의 주권을 지키고자 했어요.

중국 현대사에도 이러한 비밀결사의 흐름은 쉽게 감지됩니다. 중국공산당을 일으켜 권력을 쥔 마오쩌둥(毛澤東)의 휘하에도 비밀결사 출신들이 많이 있었습니다. '천지회'라든가 '삼합회'라고 불리는 단체 출신들이었어요. 인민군총사령관 주더(朱德)도 그런 비밀결사 출신이라고 합니다. 서양 사람들이 쓴 책에서 읽은 기억이 아직도 생생합니다. 요컨대 중국 사회에서는 비밀결사의 전통이 현대사에 이르기까지 1000년 넘게 지속되었다고나 할까요.

현대 중국 사회에서 공산당정부에게 심하게 탄압을 받고 있는 '파룬궁(法輪功)'이란 조직을 여러분은 아실지도 모르겠어요. 이 역시 일종의 비밀결사인 것입니다. 이들은 순수한 체육단체라면서 우리를 탄압하지 마라, 끔찍한 고문을 즉각 중지하라고 요구하고 있지요. 그 실체를 제가 조사한 적은 없지만, 중국 정부는 이 단체를 매우 위협적인 비밀결사로 보고 있다고 합니다.

지금까지 말씀드린 것처럼 중국 사회에서는 비밀결사의 활동이 여러 차례 두드러졌고요, 그에 관해서 여러모로 연구가 된 것 같아요. 반면에, 우리나라의 경우에는 그런 단체에 관한 연구가 아직 부족하고 관심도 별로 없는 편입니다. 과거에도 한국 사회에는 '사회적 통제'가 무척 강했던 것 같아요. 중국에서는 수만 명의 환관들이 동창(東廠)과 같은 사찰 조직에 편성되어 전국을 철저히 감시했으나, 얼마 안 가서 권력 누수 현상이 일어났습니다. 그러면 우후죽순 격으로 비밀조직이 창궐했지요. 전통시기 우리나라에서는 국가가 많은 비용을 투입해서 운영하는 사찰 조직은 없었어요. 그럼에도 불구하고, 오히려 우리나라에서는 감시와 통제의 수단이 더욱 정교하게 발달하지 않았나 싶습니다. 명나라와 청나라의 경우처럼 대규모의 비밀결사가 활약한 일이 거의 없었으니까요. 이 점에 관해서는 앞으로 더 많이 연구되어야 한다고 봅니다.

우리나라에서 찾을 수 있는 또 다른 특징은 비밀결사에 관한 문헌들이 송두리째 말살되었다는 점입니다. 기득권층이 참으로 두려워한 사회 현상은 기록에서 아예 지워진 것이죠. 이는 물론 세계 어디에나 공통된 것이기도 하지만, 유독 우리나라에서는 기득권층이 원하지 않는 사건과 사고 등은 원천적으로 기록되지 않는 경향이 있었다고 봅니다. 왜 그랬을까요? '불순하기 짝이 없는 사람들에 관한 기록'을 후세에 남기면, 그 기록은 언젠가 그처럼 불순한 성향을 가진 사람들의 출발점이 될 수 있다고 믿었기 때문인가 봅니다. 그래서 기득권층은 마음에 불편한 기록을 애초에 남기지 않으려 했으리라 추측할 수 있습니다. 지금까지도 그런 전통이 뿌리 깊게 남아 있다고 할 수 있지요.

가령 머나먼 고대, 고구려만 해도 『유기(留記)』와 『신집(新集)』이란 역사책이 있었어요. 백제에는 『서기(書記)』란 역사책이 있었고요. 그런 책들 가운데 지금 남아 있는 것이 과연 무엇입니까? 아무것도 남아 있지 않아요. 신라가 삼국을 통일한 다음, 당시의 역사기록 중에서 자신들에게 필요로 하는 것만을 선택하고 나머지는 모두 없애버렸다고 짐작됩니다. 같은 이치로, 고려가 성립된 이후에는 신라의 옛 기록들도 사실상 모두 사라졌어요. 고려는 『삼국사기(三國史記)』라든가 『삼국유사(三國遺事)』를 편찬할 때 통일신라의 옛 기록을 참고로 했지만, 그것을 후세에 전하지 않았어요.

우리나라 사람들에게 역사란 단순히 과거의 사실을 기록한 책자가 아니었던 거죠. 새 시대의 지배층은 과거를 전유(專有), 즉 독점적으로 소유하기를 바랐던 것입니다. 그래서 다양한 해석을 가능하게 만드는 여러 가지 기록들을 용인하지 못한 것이라고 생각해요. 오늘의 입장에서 보면 매우 안타까운 일이었습니다.

한 가지만 더 예를 들어보죠. 20세기 전반, 우리는 35년 동안 일본제국주의의 강압적인 지배 아래 놓였어요. 일제의 식민 지배를 상징하는 건물도 있었어요. 조선총독부였지요. 또한 그들의 악랄한 통치기관도 있었어요. 일제의 경찰기관 말입니다. 우리 입장에서 보면 억압과 테러의 총본산이었던 그런 기관들이 여기저기에 우뚝한 건물로 존재했어요. 그러나 지금은 이 건물들이 하나도 보이지 않아요. 다 없애버린 것입니다. 조선총독부 건물 같은 흔적을 모두 해체해버렸잖아요. 이런 건 옳지 못하다고 생각해요. 역사에는 아픈 부분도 있고, 가슴 아린 부분도 있습니다. 그런 깊은 상처의 흔적을 몽땅 지워버리면 어떻게 됩니까? 그런다고 무엇이 달라집니까?

그런데도 우리는 가슴 아픈 속마음을 들킬까 봐 그런지 다 지워버립니다. 개인도 그렇지만, 집단적 사고로 말하더라도 그래요. 불편한 과거를 지운다는 것이 자칫하면 역사의 조작, 달리 말하자면 역사의 소멸로 이어집니다. 중요한 역사적 기록을 의도적으로 파괴하는 결과가 될 수 있어요. 한국의 역사에 비밀결사에 관한 기록이 거의 없는 것도 비슷한 일이 아닐까 해요. 지배층의 눈에 거슬리는 사건은 박박 지워져버리게 된 것이지요.

하지만 이 세상에 완전 범죄는 없어요. 역사가가 탐정이 된 기분으로 기록의 늪을 자세히 탐색한다면, 누군가 숨기고자 했던 역사의 흔적들도 여지없이 포착이 되기 마련이죠. 제가 지금까지의 연구를 통해 우리 역사에서 여러 비밀결사의 흔적을 발견한 것만 보아도 알 수 있는 일입니다.

조선시대의 비밀결사를 움직인 주된 동력은 어디서 비롯되었을까요? 그들의 활동에는 하나의 공통점이 있었다고 생각해요. 그들을 하나로 수렴하는 지점, 그것은 바로 일종의 신앙이었어요. 조금 더 구체적으로 말해, 종교성이 깃들인 예언서를 중심으로 비밀결사가 탄생했다는 말씀이지요. 예언서란 무엇인가요? 여러분이 잘 아시는 예언서라면 노스트라다무스(Nostradamus)가 쓴 책을 생각할 수 있겠지요. 제 말씀은 과거의 우리나라에도 노스트라다무스 같은 존재가 있었다는 거지요. 비밀결사가 많았던 중국에서는 오히려 그런 예언서들이 별로 없었다고 할 수 있을 것 같아요. 일본도 마찬가지고요. 이것은 좀 역설적인 상황입니다만, 우리 사회에 얼마나 많은 비밀결사들이 있었는가를 반증하는 것이 곧 현재에도 남아 있는 다양다종한 정치적 예언서들이라고 봐야 할 것입니다.

조선시대에 유행한 정치적 예언서에는 어떤 내용이 담겨 있을까요? 여러분은 아마 잘 기억이 나지 않을 수도 있을 텐데, 이명박 대통령이 취임하고 나서 큰 사고 하나가 일어났어요. 누군가 남대문에 불을 지른 것입니다. 그때 인터넷에 널리 퍼진 예언이 있었어요. "남대문이 불에 타면 장차 나라 모양이 이렇게 저렇게 된다"는 흉

측한 소문들이었어요. 심지어 어떤 사람들은 남대문에 불이 나면 나라가 망한다고도 했어요. 정치적 예언서란 그런 내용을 잔뜩 적어놓은 문서랍니다. 여러분은 아직 그런 문서 또는 책자를 읽어본 적이 없을지도 모르겠어요. 조선시대에 나온 그런 예언서를『정감록(鄭鑑錄)』이라고 해요. 저는 바로 그『정감록』에 관해 많은 글을 썼어요. 여러 권의 책을 썼고요, 그중에는 일본어로 번역된 것도 있답니다.

한마디로 우리나라에는 허다한 정치적 예언서들이 있었고, 그중에서도 가장 대표적인 것이 바로『정감록』이라고 할 수 있습니다. 그럼『정감록』이란 것이 무엇인가, 하는 물음이 생길 법도 합니다. 제가 연구조사를 해보니까, 그런 예언서가 처음으로 나타난 것은 18세기 전반, 영조 때였어요. 처음에는 여러 예언서 가운데서도 오직 한 종류의 것을 부르는 고유명사로『정감록』이라는 이름이 사용되었지요. 그런데 이 예언서가 워낙 인기를 끌었던 것입니다. 그리하여 19세기 후반이 되면 그와 유사한 여러 정치적 예언서를 몽땅『정감록』이라고 부르게 되었지요. 말하자면, 18세기 전반에는『정감록』이 고유명사였는데, 19세기 후반이 되면 일반명사, 나아가 거의 모든 정치적 예언서를 일컫는 대명사가 되었다는 것이지요. 예언의 대명사가 되어버린 겁니다.

『정감록』의 내용은 무엇이었을까요? 한마디로 말해, 조선이라는 나라가 망한다는 것입니다. 그거였어요. 조선이라는 나라가 망한다는 것이 뭐 그리 대단한 일인가, 하고 여러분은 생각할지도 모릅니다.

이미 조선이 망했기 때문에 우리에게는 대수롭지 않은 일로 생각되는 거지요. 그러나 만약에 말이에요, 제가 지금 한 권의 책을 써서 대한민국이 3년 후에 망하고 만다고 주장하면 어떻겠어요? 이런저런 현상이 나타나면 대한민국은 망한다고 책을 쓰면 사람들의 반응이 어떻겠어요? 요즘은 이성이 지배하는 세상이라서 그저 미친 사람으로 취급당할지도 모르겠어요. 그러나 조선시대의 상황은 많이 달랐어요. 『정감록』 같은 책을 썼다면 그 사회에서 살아남기를 기대할 순 없었어요. 바로 역적이 되는 것입니다. 따라서 그런 책 자체가 비밀이요, 금기의 영역에 속했어요. 그런 정치적 예언서를 가지고 있어도 중벌을 받았고, 읽기만 했어도 처벌을 받게 되어 있었어요. 그런 책의 존재에 대해서 이야기를 해도 벌을 피하기 어려웠어요. 그것도 아주 중벌을 말이지요.

그런데도 당시에 『정감록』이란 책이 날개 달린 것처럼 사방으로 퍼졌어요. 불온한 정치적 예언서가 널리 유행을 했다는 사실이 무엇을 의미한다고 생각하십니까? 그 책을 좋아하는 사람들이, 다시 말해 조선이 망하기를 바라는 사람들이 무척 많았다는 반증이 되는 것입니다. 아울러 위험을 무릅쓰고 그런 책을 누군가는 베껴 쓰고, 남몰래 주고받았다는 사실입니다. 이 책을 중심으로 비밀결사가 많이 움직이고 있었다는 간접적인 증거가 될 수도 있는 거죠.

이제 두 번째 이야기를 하려고 합니다. 이야기의 중심에 평민지식인들이 있었다는 거지요. 양반이 아니라 평민인 지식인들이 역사적으로 중요한 역할을 했더라는 말입니다. 조선의 양반들이야 나라가 망하기를 바랐을 턱이 없지요. 그 나라에서 자기가 한자리 차지하기를 바랐겠지요. 기껏 해야 반대 당파를 주무르던 정적이 물러나기를 바랐겠지요. 나라가 아주 망하는 것을 바랐을 리는 아마도 없는 일이겠지요. 그러나 평민지식인들은 입장이 달랐습니다. 양반들이 이끌어온 조선이 역사의 뒤편으로 하루바삐 사라지기를 염원했습니다.

역사적인 이해를 돕기 위해 설명을 붙여보겠습니다. 지식이라는 것은 본래 두 가지 상반된 성격을 가집니다. 한편으로 훌륭한 지식은 사방으로 널리 알려지게 되지요. 여기저기로 복사되고 사방으로 퍼져나가는 속성이 있다는 말이에요. 그러나 다른 한편으로는, 고급 지식을 소수의 특권층이 영원히 독점하려는 경향도 만만치 않습니다. 의사와 법률가가 사회적으로 좋은 대접을 받는 이유도 그런 것이지요. 인간의 질병과 사회의 법률에 관한 지식이 사실 특수한 전문가들에 의해 독점되고 있어서, 그들이 세상의 대접을 받는 거죠. 그런데요, 17세기부터 우리 사회에서는 지식의 독점 현상이 깨지기 시작했어요. 물론 이 땅에서만 그랬던 것은 아닙니다. 그 무렵, 북반구 사회의 보편적인 현상이었습니다. 프랑스, 영국, 이탈

리아나 독일 등의 나라에서도, 일본, 중국과 베트남 등에서도 비슷한 현상이 나타났어요. 재밌는 일이라고 생각합니다. 나라마다 역사가 상당히 다르게 전개되었습니다만, 큰 틀에서 보면 적잖은 공통점이 발견됩니다. 역사적 보편성이라고 해둘까요. 이것은 물론 우연의 결과는 아니었어요. 그들 국가에는 사회·경제·문화적 조건에 근본적 유사성이 존재했기 때문일 것입니다. 17세기 이전에 비하면 생존의 조건 자체가 개선되었다고 할까요. 먹고사는 문제로부터 어느 만큼 자유로워진 사람들이 많아지자 고급한 문화를 향유하는 계층이 확대된 셈이었어요. 문화적 인프라에 대한 수요가 증대하고, 그에 부응하여 지식의 공유가 전례 없이 활발해졌다고 생각합니다.

다른 나라 이야기는 여기서 자세히 말할 여유가 없고요, 당시 우리 사회의 특별한 상황을 말씀드리고 싶어요. 그때 북반구에 있던 여러 나라는 경제가 크게 발전하고 생산성이 개선된 정황이 뚜렷이 나타났어요. 학교에서는 그때 우리나라 역시 경제가 매우 발전했다고 가르칩니다. 그 결과 서민 문화가 일어났다는 식으로 가르치지요.

그런데 저는 그렇게 볼 수가 없다고 생각해요. 이 문제는 복잡한 성격을 띠고 있기에 함부로 말하기는 위험합니다. 진지한 토론이 필요한 문제라고 할 수 있습니다. 그러나 용기를 내어 단도직입적으로 말씀드리지요. 저는 오히려 거꾸로 설명하고 싶어요. 당시 우리 사회에서는 부의 편중 현상이 심해져 평민들에게까지 지식이 보급

되었다는 것이지요. 쉽게 얘기하자면, 가난한 양반이 많이 생겼기 때문에 지식의 보급이 활발해졌다는 것입니다. 가난해진 양반이 늘어나면서, 그들 가운데는 생계수단을 마련하기 위해 누구에게든 지식을 팔려는 사람들이 많아졌다는 이야기인 거죠. 가난한 양반으로서는 자기가 가지고 있는 재산이 지식밖에 없었으니까요. 그 지식을 다른 사람들과 공유하는 대가로 돈을 받아서 먹고살았다는 거죠. 요샛말로, 떠돌이 지식인이 많아졌다는 것입니다. 요즘 대학에 정식으로 취직하기가 어렵기 때문에 대중적인 강의를 기꺼이 맡는 지식인들이 많지 않습니까? 물론 저도 그 가운데 한 사람입니다.

그런 분위기가 사회적으로 널리 팽배해져서 가난한 양반지식인들로부터 지식을 전수받은 평민들이 점차 많아졌던 것입니다. 게다가 유교 경전에는 지식을 누구에게든 전해주라고 나와 있거든요. 공자 역시도 제자를 받을 때 신분 같은 것을 돌아보지 않았어요. 배우고자 하는 사람의 성의만 문제삼았거든요. 공자는 수업료로 말린 고기 몇 덩이만 가져와도 지식을 전수해주었다고 『논어』에 나와 있거든요. 따라서 가난한 조선의 양반들이 평민 자제들에게 대가를 받고 글을 가르치는 것은, 원칙적으로 아무 문제도 될 수 없었습니다.

시대가 내려올수록 평민들 가운데서도 똑똑한 사람들은 상당한 지식을 가지게 되었어요. 바로 평민지식인입니다. 물론 당시는 이런 용어가 쓰이지 않았어요. 양반지식인이니 평민지식인 같은 표현은 제가 붙여본 말입니다. 그때보다 더 먼 과거인 15세기나 16세기에는 그런 일이 거의 없었지요. 가난한 양반이 사회적으로 문제가 될 만큼 많지 않았으니까요. 그런데 차츰 인구는 증가하고, 양반들 가운데서도 벼슬에 나가지 못하는 사람들이 많아져서 이런 현상이 부각된 거지요.

우리 사회에서 평민지식인의 활약이 두드러진 때는 18세기였습니다. 그 시기에는 마을의 훈장 중에서도 평민 출신이 많았어요. 글을 배웠다고 해서 양반이 되는 것은 아니니까 그들은 지식이 있어도 평민이었던 게지요. 한문을 잘하는 평민지식인들이 유달리 많았던 지역도 있습니다. 평안도와 황해도가 유별났어요. 여기에 함경도 출신의 평민지식인들도 적지 않았어요. 그들처럼 북쪽 지방에 거주하는 사람들은 중앙으로부터 정치적 차별을 받았어요. 말하자면 지역 차별의 대상이었지요. 다시 생각해도, 언제쯤이면 이런 고약한 지역 차별의 구도가 우리 사회에서 사라질지 모르겠어요. 참 답답한 심정입니다. 여하튼 그처럼 차별받는 지역 출신의 평민지식인들은 더더욱 조선 사회가 빨리 멸망하기를 간절하게 원했습니다. 이건 우리도 쉽게 이해할 수 있는 일이 아닐까 해요. 북쪽지방 출신의 평민지식인들이 『정감록』과 같은 정치적 예언서를 만들고, 즐겨 읽으며, 그에 관하여 여러 가지 소문을 냈습니다. 자기들끼리 돌려보기도 하고 그런 예언서를 가지고 멀리까지 여행을 떠나서 퍼뜨렸습니다. 이는 제 연구 결과입니다.

뜻밖의 이야기라고 여기실지도 모르겠는데요, 정치적 예언서가 전국적으로 전파하게 된 데는 비정규직 문제가 결부되어 있었어요.

18세기에도 오늘날처럼 비정규직이 많았어요. 우리나라가 지금 경제협력개발기구(OECD)의 여러 나라 가운데서도 비정규직의 비율이 가장 높습니다. 비정규직이 많으면 사람들은 매우 불안해집니다. "내가 여기서 언제까지 일할지 몰라. 그다음은 어디로 갈지 알 수 없어"하는 심정이 됩니다. 조선후기 서당 훈장님들이 그런 비정규직이었어요. 훈장님들은 요즘의 연금 같은 것도, 실직수당 같은 것도 없었단 말이지요. 뿐만 아니라 당시 서당이라고 하는 것은, 교육기관이기는 하지만 국가에서 운영하는 것이 아니었습니다. 항구적이 아니었어요. 마을의 경제적 형편이 괜찮으면 잘 가르치는 훈장님을 모셔다가 몇 달 운영해보고, 사정이 나빠지면 일시 폐지되기도 했어요. 훈장님의 인기가 좋으면 한 해 더 머무시라고 요청하기도 했지만 아무런 보장이 없었던 것입니다.

그처럼 불안정한 훈장 자리를 차지한 사람들 가운데는 서북 지방 출신의 평민지식인들이 적지 않았어요. 중앙으로부터 차별을 많이 받았던 서북 출신들은 어떻게 해서든지 과거시험에 급제를 해서 출세할 꿈을 키웠지요. 요즘 식으로 말하면 의과대학이나 법학전문대학원을 가서 출세를 보장받으려 했던 것인데요, 문제가 쉽게 풀리지 않았어요. 어렵사리 과거에 합격을 해도 좋은 벼슬을 안 주었다는 말이지요. 결과적으로 불만을 가진 많은 서북 출신의 지식인들이 일자리를 찾아서 남쪽으로 내려오기도 했단 말씀이지요. 날씨도 따뜻하고, 기회도 많아 보이는 남쪽으로 여기저기 떠돌며 훈장을 했어요. 훈장만 해가지고는 생계가 해결되기 어려우면 풍

수지리에 관한 지식을 제공하는 지관(地官) 노릇도 하고, 의술을 베풀어 탕약 등의 약재를 구해주는 역할도 기꺼이 했답니다.

그들은 전국을 떠돌아다니면서 자기 마음에 드는 사람이 발견되면 비장의 정치적 예언서를 보여주기도 했고, 뜻이 잘 통하면 함께 비밀조직을 만들기도 했습니다. 이게 바로 제가 주목하는 서북 출신의 평민지식인들이었습니다. 그들의 역할이 점점이 이어지면서 비밀결사의 다양한 구성원이 늘고 조직이 커졌습니다. 18세기 후반에 이르면 전국의 비밀결사는 서북 사람들만의 비밀결사가 아니었어요. 모두의 비밀결사로 확대되었다고 해야 옳겠어요. 요컨대 그 당시 우리나라의 문제점을 통감하고 있는 사람들이 너 나 할 것 없이 신변의 위협을 무릅쓰고 비밀조직에 가입했습니다.

이곳저곳에서 크고 작은 사건들이 툭툭 불거졌어요. 특히 정조 때 그런 사건이 참 많이 일어났습니다. 대개 정조에 대한 평가는 높죠. 학교에서 다들 그렇게 가르치니까요. 정조가 학식도 훌륭하고 백성을 많이 사랑한 임금이었던 것은 물론 사실이지요. 그러나 그가 왕위에 있던 시대는 결코 잘 다스려지지도 않았고, 세상이 평화롭다고 할 수는 없었어요. 천주교 신앙이 널리 퍼지자 신자들에게 은밀한 방법으로 온갖 탄압이 가해졌고요. 당파 사이의 갈등과 대립도 심했지요. 게다가 정치적 예언서를 믿고 반란을 꾀하는 평민지식인들이 곳곳에서 소요를 일으켰단 말입니다. 그 당시의 사회상이 궁금한 분은 제가 쓴 『정조와 불량선비 강이천』(푸른역사, 2011)을 읽어보셔도 좋을 것입니다.

한 가지 분명한 사실은 말이지요, 조선후기에는 여러 분란이 일어났다는 점입니다. 특히 19세기가 되면 그런 현상이 두드러지게 나타났어요. 안동김씨와 풍양조씨 등의 외척들이 오랫동안 세도를 부리면서 사회기강이 크게 무너졌기 때문이죠.

설상가상으로 생태 재앙도 거듭되었어요. 농경지를 확대하려고 무분별하게 개간사업이 진행되었지요. 가령 깊은 산중에도 불을 질러 화전(火田)을 가꾸었어요. 또 난방을 하려고 땔나무를 함부로 베어다 쓰고, 숯을 굽는다, 집 지을 목재를 구한다 해서 산림이 심각하게 훼손됐어요. 수재(水災)와 한재(旱災), 즉 물난리와 가뭄이 번갈아 찾아왔지요.

이렇게 되자 조선 사회의 오랜 전통이 망가졌습니다. 사회적 합의가 깨졌다는 말씀입니다. 사회적 합의에 관해서는 세 번째 강의에서도 구체적으로 다룰 기회가 있어요. 여기서는 대략적인 내용만 언급하고 넘어가야겠습니다. 제가 말씀드리려는 사회적 합의의 핵심은 바로 우리 사회가 가지고 있던 독특한 특성이었지요. 차이는 있었지만 차별이 적었던 사회가 조선 사회였다고, 저는 그렇게 생각합니다. 우리나라는 예부터 사회·경제적 차이가 없지 않았지만, 중국, 영국이나 일본 같은 나라에 비해 차별이 비교적 적은 사회였어요.

이해를 돕기 위해 좀 더 설명을 해보겠어요. 방금 말씀드린 외국에 비해 우리나라는 경제적 발달이 더딘 편이었어요. 특히 상업과 수공업의 발달이 별로 없었지요. 요즘 역사 교과서에서는 그런 방면에도 마치 대단한 변화가 있었던 것처럼 서술하고 있지요. 그러나 다른 나라들과 비교해보면 그 설명은 유감스럽게도 틀린 것입니다. 우리처럼 상업과 제조업이 느리게 발달한 나라는 별로 없었습니다. 얼핏 보면 단점으로만 생각될지 모르지만, 실은 그렇지가 않아요. 좋은 점도 있었어요. 바로 우리 사회가 마을 중심의 자급자족적 공동체였다는 점입니다.

사실은요, 상업이 발달하면 편리해서 좋을 것 같아도 꼭 그렇지가 않아요. 제가 표현을 좀 날카롭게 하면요, 크게 발달된 상업 때문에 오히려 대개의 사람들은 망하는 것입니다. 자급자족의 마을 공동체가 깨지고 말지요. 상업이 발달해서 생활에 필요한 물건들이 원거리로 이동하게 되면, 공동체가 제대로 움직이지 못해요.

여러분이 쉽게 납득할 수 있게 제가 한 가지 예를 들어서 설명해 볼게요. 제가 어느 마을에 살며 텃밭에서 배추 농사를 지었다고 합시다. 올해 배추 농사가 굉장히 잘되어서 집에서 충분히 먹고 남을 정도가 되었어요. 100포기가 남았다고 합시다. 상업이 제대로 발달되지 않았을 때 저는 이 배추를 어떻게 처리할까요? 어차피 시장에 내다팔 수 없으니 나눠줘야죠. 그런데 마침 저희 집에는 김장에 필요한 생강이 없다고 합시다. 시장에서 생강을 구할 수가 없으므로 자연히 이웃에게 손을 빌리기 마련이지요. 요컨대 상업이 발달하지 못하면 걸어서 서로 오고 갈 만한 거리에 하나의 공동체가 형성되기 마련입니다. 좁은 지역 안에서 서로 마음을 담아서 물건을 주고받으며 살아갑니다. 이는 단순한 물물교환이 아닙니다. 서로의 신뢰와 우정을 바탕으로 함께 나눠먹고 사는 공동체가 만들어지는 것이지요.

거꾸로도 설명할 수 있어요. 함께 나눠먹고 사는 사회가 자리잡으면 상업이 제대로 발달하지 않을 수도 있습니다. 도대체 상업이나 수공업 등이 발달할 여지가 없는 것입니다. 어려운 말로, 선물의 네트워크는 발달되지만 영리를 추구하는 상업적 네트워크는 들어설 자리가 별로 없어지는 셈입니다. 제가 보기에, 우리 사회는 18세기까지도 상업이 별로 발달하지 않은 자급자족적 공동체 사회였어요. 이러한 사회적 특징이 개항, 그러니까 1876년의 한일수호조약 이전에는 상당히 견고하게 유지되었다고, 저는 그렇게 봅니다.

어떠신가요? 아마 여러분이 지금까지 학교에서 배우고 책에서 읽은 한국사와 크게 다르지 않나요? 어떤 학자들은 조선후기에 상공업이 많이 발달했다고 하는데 웬 말이냐고요? 제가 그분들이 다 틀렸다고 말씀드리는 것은 아닙니다. 상공업이 조금씩 발달하고 있었던 것은 맞아요. 그러나 그분들이 상상하는 것처럼 빠른 속도로 변화가 일어나지는 않았다는 말씀입니다. 제 주장을 입증하는 증거가 필요하겠지요.

토지 거래 문서를 보면 당시의 전반적인 사정을 알 수 있어요. 18세기까지도 우리 사회에서 토지를 사고팔 때 돈을 지불한 적이 별로 없었습니다. 돈이 아니라 쌀로 대신했죠. 또 조선이 망할 때까지도 사람들은 세금을 돈으로 지불하는 경우가 오히려 드물었어요. 쌀이나 옷감으로 세금을 냈습니다. 한마디로 화폐경제가 대단히 미약하게 발달했던 사회였던 것입니다.

화폐의 발달이 없었다고 하면 사실상 대규모의 상업이나 유통업이 존재하지 않았다는 뜻이 됩니다. 같은 시기의 일본, 중국, 영국과 네덜란드에서 고액 화폐가 아니라 밀가루, 쌀, 옷감으로 물건을 사고팔았다고 한번 상상해보시기 바랍니다. 그러고도 무슨 산업 발달에 획기적인 변화가 올 수 있었겠습니까? 천부당만부당한 일이지요.

조선은 건국 초기에 저화(楮貨)라고 하는 일종의 지폐를 찍었습니다. 동전도 유통되지 않는 사회에서 언감생심 지폐를 찍어서 강제로 유통시키려고 했습니다. 태종 때부터였지요. 당연히 실패했습니다. 지폐라고 하는 것은 화폐 중에서도 매우 고급한 것입니다. 신용화폐기 때문이지요. 지폐는 물질적 교환가치가 사실상 전혀 없습니다. 그 종이 값이 도대체 얼마나 하겠습니까? 종이로 만든 돈이 화폐로 통용된다면, 그 사회는 물물교환 중심이 아니고 수준 높은 신용경제사회라는 뜻이겠지요. 그런 사실을 제대로 인식하지 못한 채 조선 초기의 왕들은 저화를 찍어서 관리들의 보수도 저화로 지급하고, 세금도 저화로 받으려고 했습니다. 실패는 예정된 일이었어요.

백성들이 한사코 저화를 거부했기 때문이죠. 백성들은 저화의 지급 보증을 하겠다는 조선이란 국가의 신용을 제대로 인정하지 않았던 것입니다. 그럼 여기서 한 가지 당연한 질문이 생기게 됩니다.

"어떻게 조선의 왕들은 저화로 상징되는 신용화폐를 발행할 생각을 했을까?" 모르고 했다면 그것은 정말 천재적인 시도라고 해야겠지요. 비록 실패했다고는 하지만요.

내막을 알고 보면 이러합니다. 사실 중국에서는 이미 송나라 때부터 지폐를 발행했어요. 그 전통을 계승 발전하여 몽골 시대가 되면 지폐를 넓디넓은 제국이 영토 안에서 사용했습니다. 보초 또는 교초라고 하는 돈이었어요. 요즘에 빗대어 말하면 몽골의 원나라는 달러 이전에 달러를 발행한 셈이었습니다. 몽골을 찾아온 이탈리아의 마르코 폴로는 서양 최대의 교역도시 베니스 출신의 상인이었지요. 그는 지폐를 보고 깜짝 놀라 1300년경 『동방견문록』에 그 사실을 기록했어요. 서양 사람들이 모두 이를 신기하게 여겼지요. 그들은 근대시민사회를 건설하고 드디어는 지폐를 널리 발행하게 되었지요.

그런데 알다시피 당시의 우리나라, 즉 고려는 몽골의 간접지배를 받았어요. 자연히 몽골제국의 지폐를 알게 되었습니다. 그런 역사가 있어서 조선왕조 초기에는 저화라는 지폐를 발행할 생각을 가지게 되었다는 말씀입니다. 그러나 뜻대로 되지 않았어요. 국가의 신용도 부족하고 시장도 별로 발달이 되지 않았기 때문이었지요. 백성들은 조정의 화폐정책을 믿고 따르고 싶어도 믿을 만한 근거가 부족했고, 어쩔 수 없이 저화를 부정할 수밖에요.

나중에 조선에서는 동전이 등장했습니다. 물론 고려시대에도 쇠로 만든 화폐가 있기는 했으나, 역시 전국적으로 활발하게 통용되지는 못했습니다. 조선이 발행한 동전은 엽전의 형태인데요. 즉 끈을 꿰어서 여러 개의 동전을 묶을 수 있게 되어 있었어요. 그 표면에는 '조선통보(朝鮮通寶)'라고 글자를 새겼지요. 조선에서 통용되는 돈이라는 뜻이었지요. 조금 전문적으로 말해 이 동전은 소액화폐로, 요즘 식으로 말하면 기껏해야 500원짜리였던 셈이에요. 하지만 시장이 제대로 발달하지 않아서 그나마도 뜻대로 사용되지 않았습니다.

조선통보가 화폐로서 어느 만큼 돌아가기 시작한 것은 18세기 이후였습니다. 그 전에는 아무리 애를 써도 잘 돌아가지 않았어요. 동전이 유통되지 않았다는 것은 이렇다 할 거래가 없었다는 뜻이지요. 상업이 활기를 얻지 못했다는 말입니다. 반대로 이제 돈이 돌아가기 시작했다는 것은 상업이 서서히 발달하기 시작했다는 뜻입니다.

상업이 조금씩 발달하자 기존의 질서가 조금씩 느슨해지기 시작했어요. 점점 마을의 공동체적 질서가 무너지기 시작한 것입니다. 서로 돕고 사는 마을의 풍속에 지속적으로 부정적인 변화가 생긴 것입니다. 그래서 제가 앞에서 이런 말씀을 드렸지요. "상업이 발달하면 공동체적 질서가 무너진다." 그런 관점에서 보면, 유럽의 주요 국가는 물론이고 중국과 일본은 이미 수백 년 전에 조선식의 공동체적 질서와는 무관하게 운영되었습니다. 그들은 우리에 비해 훨씬 엄격하고 완강한 사회질서에 편입되어 있었지요. 마을의 공동체적 삶이 아니라 도시 중심의 상업적이고 엄격한 법률이 지배하는 사회 통제 아래서 살았다는 거죠. 정치·사회·문화적 차이뿐만 아니라 제도화된 차별의 그늘이 짙었던 것입니다.

그러나 조선시대는 달랐습니다. 도시의 발달이 없지는 않았으나 매우 더뎠습니다. 대다수 사람들은 마을 중심의 자급자족적 공동체 안에서 태어나 자라서 일하다가 늙어갔습니다. 그런데 이제 공동체의 질서가 흔들리기 시작했습니다. 소량이지마는 화폐가 유통되고 상업이 발달하면서 사람들이 돈맛을 알게 되었으니까요. 돈맛을 알게 되면 사람들은 변합니다. 공짜로 나눠주는 일이 갈수록 줄어듭니다. 돈이 될 수 있다는데 왜 대가 없이 나눠주겠습니까? 시장에 가져다 팔면 돈이 되는데 말입니다.

이런 변화는 물론 우리가 지금 말하는 것보다 훨씬 느린 속도로 진행되었습니다. 그럼에도, 19세기 중후반의 조선 사람들에게는 충격이었겠지요. 당시 사람들이 보기에 화폐를 중심으로 일어나고 있던 사회·경제적 변화란 긍정적으로 생각되지 않았어요. 화폐가 돌기 시작하자 물가는 불안정해졌지요. 매점매석이 가능했기 때문입니다. 이것은 결국 부익부 빈익빈라는 양극화 현상을 재촉하는 요소였어요. 새로 부자가 될 기회가 생긴 것처럼 보이기도 했으나, 그것은 신기루였습니다. 실은 부자였던 사람 가운데 누군가가 더 큰 부자로 성장했고, 대다수 사람들은 오히려 더 가난해졌습니다. 모든 지역에서 이런 변화가 나타난 것은 아니었고, 비교적 인구가 밀집한 도시 지역에서 나타난 일이었지요.

그러니 세상 분위기는 흉흉해졌어요. "이런 세상이라면 빨리 끝장나는 것이 좋겠다." 사회 변화에 불만을 품은 사람들이 많아졌습니다. 바로 그런 이유로 더욱 많은 사람들이 『정감록』으로 대표되는 정치적 예언서에 관심을 가졌습니다. 그들은 종교성이 농후한 일종의 신앙을 토대로 비밀결사에 가입하기도 했습니다. 흉년이 심하거나 중앙에 정치적 변화가 일어나기라도 하면, 이제 정말 조선이 망할 때가 되었구나 하며 난리를 일으켰습니다. 19세기 후반에 각지에서는 민란이 일어났습니다. 특히 1862년 임술년에 실로 여러 고을에서 난리가 터졌어요.

이런 가운데 일부에서는 도리어 희망의 싹이 트였어요. 평민지식인을 중심으로 어떤 사람들이 군사를 모아 반란을 일으킬 생각까지 품었어요. 새로운 세상이 오기를 꿈꾸면서 말이지요. 이러한 사회상은 여러분에게 낯설 테지만, 사실은 18세기 후반부터 노골적으로 드러나기 시작한 조선 사회의 진정한 얼굴이었어요.

대항 이데올로기를 향하여

조선 사회의 기득권층은 더욱더 일반 백성들과 유리되었어요. 그들은 지주로서 백성들의 일상적 어려움을 해결하는 데 소극적이었기 때문입니다. 그렇기에 평민지식인을 중심으로, 비밀결사로 모여들기 시작한 사람들은 결국 '대항(對抗) 이데올로기'를 꿈꾸게 되었어요. 저는 이 부분이 제일 중요하다고 생각해요. 과연 어떻게 『정감록』이라는 정치적 예언서에서 동학과 같은 신종교가 나왔는가를 지금 설명하려고 합니다.

시간 순서대로 요약해보면 이렇습니다. 처음에 사람들은 사회적 불안과 불만을 토로했습니다. 사람들은 이놈의 나라가 어서 끝장났으면 좋겠다고 말하기 시작했습니다. 그런데요, 그런 얘기만 늘 되풀이할 수는 없는 거 아닙니까? 이어서 제기되는 질문이 하나가 있었던 것이지요. 이 나라 끝난 다음에는 무엇이 와야 할 것인가 하는 문제였지요. 우리는 장차 어떤 사회에서 살기를 바라는 것인가, 우리는 그때 어디서 무엇을 하려는 것일까, 하는 식의 고뇌가 뒤따른 거였어요. 말하자면 대안을 사람들이 생각하게 된 거였지요.

누군가는 이미 초기 단계부터 그런 대안을 떠올리고 있기도 했어요. 그들의 가슴에 들어설 대안의 뼈대는 우리의 긴 역사를 통해 이미 형성되어 있기도 했어요. 앞에서 제가 '회통론'이라는 용어를 사용했어요. 즉, 불교의 입장에서 보아도 수긍할 수 있고, 유교의 입장에서도 맞장구칠 수 있는 대안을 일부의 뛰어난 사람들은 이미 가슴속에 품고 있었다는 것입니다. 누구든 책을 읽고 깊이 생각하는 사람이라면, 역사의 흐름을 어느 정도 이해하고 있는 사람이라면, 이런 이상을 품을 수가 있는 법이지요. 아마 여러분들에게도 미래 세계를 향한 그러한 꿈이 있으리라 믿습니다. 하늘 아래 완전히 새로운 것은 없는 법입니다.

그럼 이제 여러분에게 한번 물어봅시다. 유교적 이상세계를 한마디로 요약하면 뭐라고 하겠습니까? 유교의 고전인 『예기(禮記)』

에서는 대동사회(大同社會)라는 말이 나오지요. '크게 같은 세상'이란 뜻이겠지요. 사람마다 가정마다 마을마다 어느 정도 차이는 있다 해도, 그 사이에 근본적인 차별이 없는 세상을 말하는 것입니다. 근본적인 차별이 없어져야 한다는 점이 핵심이군요. 그러자면 그 사회의 저변에는 한 가지 전제조건이 있어야 되겠지요. 아마 제가 여러분에게 물어봐도 금세 그 조건을 발견할 수 있을 것 같아요. 그런 전망이 있어 보입니다.

조금 정교하게 접근할까요? 만일 우리가 기회 균등한 세상을 만들려면 어떤 조건을 갖춰야 하겠습니까? 조선이 농업사회였다는 점을 염두에 두고 말한다면 결국 땅의 문제, 경작지의 소유가 핵심적인 문제였겠지요. 누구도 함부로 땅을 많이 가지지 못하게 해야 됐습니다. 극단적으로 말하면, 누구도 땅을 가지지 못하게 만들면 기회가 평등해질 것이었습니다.

땅은 필요한 사람들끼리 나눠서 농사를 짓도록 하면 될 일이었어요. 땅을 농사짓는 사람에게만 나눠준다는 생각, 농사짓는 집마다 비슷한 크기의 땅을 나눠주고 싶다는 생각이 조선시대에는 팽배했습니다. 그런 생각이 제대로 실천된 적은 한 번도 없었지만요. 기득권 세력이 강하게 반대했기 때문입니다. 그 사람들로서는 자신들의 권리를 쉽게 포기할 생각이 없었던 거예요. 하지만 유교 사상 속에는 기회가 균등한 세상을 만들어 '대동사회'를 이루고자 하는 염원이 있었다는 말입니다.

농사짓는 사람에게만 경작지를 적당한 수준으로 나눠준다는 생각은 조선이 처음 세워질 때도 있었어요. 가장 대표적인 인물이 삼봉 정도전(鄭道傳)이었어요. '계민수전(計民授田)', 곧 집집마다 식구 수를 헤아려 그에 마땅한 경작지를 나눠주고자 했단 말이에요. 이런 생각은 조선시대 내내 하나의 화두로 살아 있었어요. 조선의 진보적인 학자들은 다 그와 유사한 생각을 했던 거예요. 우리가 잘 아는 실학자 반계 류형원(柳馨遠), 성호 이익(李瀷)이라든가 다산 정약용(丁若鏞) 같은 분들이 다 그와 비슷한 생각을 했어요. 현대적인 용어를 빌리자면, "경제적 양극화 현상을 막아야 된다"거나 "사회정의를 이뤄 억울한 사람이 없게 하자"는 견해였어요.

그러려면 땅을 나누는 방책을 세워야겠지요. 누구는 농민들 모두에게 똑같이 나눠주자고 했고, 똑같이 나눠주기는 현실적으로 여간 어려운 일이 아니므로 한 사람이 소유할 수 있는 토지의 상한선을 정해놓자는 주장도 등장했어요. 한전법(限田法)이라고 했지요. 반듯하게 나누자는 주장은 정전법(井田法)이 대표적이었고요. 일정한 토지를 9개로 똑같이 쪼개서 한가운데의 땅은 공동으로 농사지어서 세금으로 나라에 바치고, 나머지는 8집이 각자 알아서 농사짓고 수확하자는 식인데요. 『맹자』「등문공편」에 나와 있어요. 또 정약용 같은 분은 여전제(閭田制)라고 해서, 마을 사람들이 공동으로 농사짓고 성실성과 능력을 공정하게 평가해서 각각의 집에 분배하는 방식으로 가자고 주장하기도 했어요.

토지에 관한 여러 가지 생각들이 흥미롭지 않나요? 공평한 개인 소유를 선택하든지 공동 소유 또는 국가 소유로 가든지는 그 문제와는 별도로, 모든 사람들의 경제적 기반이 비슷해야 한다는 점에서 모두 의견의 일치를 보았다고 생각합니다. 이런 생각이 유교에만 있었을까요?

아닙니다. 앞에서 잠깐 설명한 미륵신앙에서도 결국은 비슷한 생각이 발견됩니다. 이 세상의 어느 누구도 절대 굶주리지 않는 세상을 추구했잖아요. 그뿐이 아니라, 미륵세상에서는 누구도 소유에 눈이 멀지 않는 세상, 병들고 아프지 않은 세상을 꿈꾸었던 거지요.

자세히 말할 겨를은 없으나, 도교에도 소국과민(小國寡民, 영토도 작고 인구도 적은 나라)의 세상을 바랐어요. 지배권력이 존재하지 않는 마을공동체의 꿈이 있었다는 말입니다. 그래서 그들은 동천(洞天)을 꿈꿨어요. 마을로 들어가는 입구는 좁고 여간해서 발견하기 어려우나, 일단 입구로 들어가보면 별도의 세상이 눈앞에 열리는 마을이죠. 그런 마을에서는 모두가 신선처럼 무병장수하는데, 어떠한 억압도 차별도 존재하지 않는다고 했거든요.

이상사회를 향한 이런 꿈들이 조선에만 있었다고는 말할 수 없지요. 중국이나 일본이라고 왜 없었겠어요? 서양 사회도 별로 다르지 않았어요. 여러분이 잘 아는 대로 토마스 모어는 『유토피아』라는 책을 썼지요. 거기에 나오는 이상향의 모습도 비슷한 점이 있어요. 금이니 은이니 하는 쇠붙이를 누구도 대수롭지 않게 여기는 곳이니까요. 요강 같은 것을 금으로 만들고, 길가에 떨어져 있어도 주워 가지 않는다고 했던가요.

사실 일상생활에서 금보다 더 유용한 것은 쇠죠. 쇠로는 농기구도 만들 수 있고, 기타 생활에 필요한 칼이며 각종 연장과 도구를 다 만들 수 있으니까요. 금과 은은 순수한 상태로는 물렁물렁해서 어떤 농사도구도 만들 수가 없잖았어요.

여기서 한 가지 중요한 사실은 조선 사회에 큰 불만을 품은 많은 사람들이 앞서 등장했던 여러 가지 이상을 모아서 하나의 용광로에 넣고 불을 지폈다는 거지요. 그 결과가 한 권의 체계적인 사회과학적 저술로 탄생하지는 않았어요. 그들은 근대식으로 훈련된 학자가 아니었으니까요. 대신에 그들은 종교적 심성을 가진 전통적인 의미의 지식인들이었어요. 따라서 그들의 표현 방식은 다분히 종교적인 성격을 띠게 되었다는 말씀입니다.

그들은 종교적인 세계에 침잠했지요. 그래서 얼핏 보면 사이비 교단처럼 보일 수도 있었지요. 조정에서는 『정감록』을 중심으로 어떤 사건이 일어나면 사이비 종교집단처럼 몰아세우기 일쑤였어요. 혹세무민했다는 거였어요. 세상을 속이고 백성을 나쁜 길로 이끌었다는 강변이었어요. 사건을 일으킨 비밀결사들 중에는 그런 비난을 받아 마땅한 경우도 전혀 없었다고 볼 수는 없겠으나, 사태의 진정한 본질은 아니었어요.

비밀결사를 움직인 주체에게는 하나의 새로운 문화적 지향점이 있었다고 생각합니다. 사람은 누구나 사람답게 살아야 한다는 것이었어요. 사람이 사람답게 살려면 반드시 지식이 필요하고, 그것을 바탕으로 독립적으로 생각하는 것이 필요하겠지요. 그래서 조선 사회의 '불온한 반란자'들은 사람들에게 깨침을 강조하는 쪽으로 나아갔습니다. 동학에는 이런 방침이 아주 분명히 드러나 있지요.

그런데 깨침은 저절로 오지 않는 법이지요. 그러니까 교육이 필요한 것이겠지요. 교육의 기회가 되도록 균등해야 문화 수준이 올라가게 되는 거지요. 그리고 교육의 기회가 보장되어야 신분의 세습이 아닌 능력 위주의 인재 발탁이 보장될 거고요. 어떤 사람은 조정에서 높은 자리를 차지한 대신의 아들로 태어났다고 해서 높은 사회적 지위를 대물림하고, 또 어떤 사람은 가난한 소작 농부의 아들로 태어났다고 해서 계속해서 뙤약볕에서 일만 해야 한다면 어떨까요?

그렇게 되면 많은 사람들은 평생 원망 속에서 살 뿐이지요. 처지가 나아질 희망이 없으니까요. 누구라도 실력을 키워서 활동의 기회를 보장받는 세상이 되기를 꿈꾸는 것은 당연한 이치였어요. 아버지의 능력이 아니고, 자신의 능력을 마음껏 발휘할 수 있는 세상이 정의로운 세상인 것입니다. 오늘날에도 '금수저' '은수저' '흙수저' 심지어 '무수저'라는 말이 나온 것은 바로 대물림의 고질병이 되살아났기 때문인 거죠. 조선후기 사회에서 차츰 고양되기 시작한 하나의 새로운 사상은 바로 그런 대물림에서 벗어나자는 생각이었다고 봅니다. 모두가 다 귀한 인간인데 왜 누구는 되고 누구는 제 뜻대로 살지 못하냐는 반성이었어요.

바로 지금 말씀드린 사회·문화적 성찰이 『정감록』을 넘어서 동학으로 나아가게 만드는 동력원이었습니다. 다음 강의에서 동학의 정수를 다시 이야기하겠습니다만, 여기서 하나만은 강조하고 싶어요. 동학이라면 누구나 떠올리는 생각이 있을 것입니다. 바로 '인내천(人乃天)', 사람이 곧 하늘이라는 사상이지요.

세상에는 하늘보다 높은 것이 아무것도 없습니다. 그런데 사람이기만 하면, 그가 남자든 여자든, 벼슬아치든 소작농이든, 몽땅 다 하늘이라니요! 하늘과 하늘 사이에 차별이 있을 턱이 없습니다. 사소한 차이는 있겠지만 차별은 절대로 용납할 수 없다는 생각이 바로 인내천에 담겨 있어요.

동학에는 '시천주주(侍天主呪)'라고 해서 '하느님(천주)'을 섬기는 열세 자로 된 주문이 있습니다. 원래는 스물한 자로 구성된 주문이었는데요, 핵심을 간추려서 열세 자를 뽑아낸 것입니다. '시천주조화정(侍天主造化定)'이라 했고요. 이어서 '영세불망만사지(永世不忘萬事知)'라고 마무리를 지었어요.

이 무슨 뜻입니까? 시천주조화정이란 말은 우선 하느님(천주)을 잘 섬기라는 뜻의 '시천주'가 근본이지요. 하느님이 누구인가요? 우리 한 사람 한 사람이 다 하느님이라고 했잖아요. 사람을 모시기를 하늘처럼 잘 해라는 뜻인 겁니다.

그래야 '조화정'이라고 했어요. 그러면 조화가 정해진다는 것이지요. 조화란 엄청난 변화를 가리킵니다. 인간 세상에 지금까지 한 번도 겪어보지 못한 엄청난 변화가 일어난다는 예언입니다. 물론 부정적인 변화를 가리키는 것은 아니었어요. 좋은 변화, 바람직한 변화란 말이지요. 위에서 우리가 누누이 말한 경제·사회·문화적 변화가 그 핵심일 것은 당연한 이치였습니다.

그다음에 이어지는 '영세불망'은 이런 가르침을 영원토록 잊지 않고 마음속에 잘 간직하라는 뜻이지요. 그러면 '만사지', 곧 세상만사를 알게 되리라는 뜻입니다. 요컨대 이 주문의 핵심은 말이지요, 한 가지 조건을 잘 지키기만 하면 모든 문제가 다 풀린다는 것입니다. 그 조건이란 '시천주'인 것입니다. 하느님을 잘 섬기면 된다는 것이죠.

요점은 그 하느님이 누구냐는 문제로 집약될 것 같아요. 동학에서는 하느님의 정의가 좁지 않았습니다. 하느님은 하늘에 있는 하느님이기도 하고, 나 자신이기도 하고, 옆에 있는 친구이기도 하고, 무한히 확대되는 하느님입니다. 이러한 사고방식은 불교와도 관련이 있고 성리학과도 깊은 내적 관련이 있었습니다. 불교식으로 하면 삼라만상이 결국 부처님이 되는 것이고요, 성리학(유교)으로 풀어보면 하늘과 사람이 하나로 합일된 경지(천인합일)에 해당하는 거겠지요. 그러나 불교나 성리학에서는 그런 가르침이 너무 고상하고, 일상에서 멀리 떨어진 것 같은 느낌을 주었지요. 동학은 다릅니다. 사상적으로 엄청난 질적 변화가 일어났다고, 저는 그렇게 생각해요. 누구에게나 피부에 와닿는 절실한 언어, 일상의 실천목표가 되었다는 점에서 말입니다.

『정감록』이 조선 사회에 처음 나타났던 때, 즉 18세기 초만 해도 사태는 비교적 단순해 보였어요. 조선 사회에 불평불만이 많은 사람들이 나라가 망하기를 바랐던 거죠. 그래서 일부 사람들이 몰래 결탁해서 칼이나 활을 들고 밤중에 갑자기 서울로 쳐들어가서 정권을 탈취할 꿈을 꾸는 정도였어요. 그래서 조정은 그런 생각을 가진 사람들을 발견하는 대로 잡아 죽이고 귀양을 보냈어요. 또는 훈계를 하는 선에서 마무리하기도 했지요.

그랬었는데 감시와 탄압이 심해지자 많은 사람들이 비밀결사조직을 만들었습니다. 그런 조직은 생겼다 사라지기를 되풀이했지요. 이런 일들이 반복되면서 조직을 구성하고 운영하는 방법이 더욱 세련되었어요. 그리하여 19세기 중후반이 되면 어지간해서는 흔들리지 않는, 견고한 비밀결사들이 여기저기에 등장한 것입니다. 조정에서 아무리 조사를 하고 방해를 해도 이런 비밀조직은 더욱 확대되었고, 이런 조직들이 꾸미는 민란이라든가 조정을 비방하는 행위 (소문 퍼뜨리기, 방문 붙이기)를 효과적으로 금지하지 못하게 되었어요. 『정감록』의 확산도 막을 방법이 없었지요.

많은 사람들의 머릿속에는 대항 이데올로기가 구체적으로 모습을 드러냈어요. 처음에는 그저 단순하게 다음과 같은 꿈을 꾸었지요. 나라가 망할 때쯤 되면 어느 섬에서 진인이 나타나서 군대를 이끌고 도성으로 쳐들어가 새 나라를 세워 우리 백성들을 구원할 것이다. 미륵부처님이 곧 내려올 것이다. 이처럼 막연한 상상을 했던 것이지요. 한데 19세기 후반이 되면 동학이란 새로운 사상·종교가 나타났어요. 이제 미륵부처님은 머릿속에서 슬며시 사라져버렸고, 그 자리에 하느님이 들어왔어요. 하늘에 있는 하느님, 땅에 있는 하느님, 나의 하느님, 너의 하느님, 우리 모두가 하느님이 가슴속으로 파고들었으니, 이것이 바로 대항 이데올로기의 참모습이었지요.

첫 강의를 마무리해야 할 시간이 되었어요. 신종교인 동학이 발생하게 되자 사람들은 새로운 세상의 모습을 구체적으로 그릴 수 있게 되었어요. 말하자면 정치적 대안, 종교적 대안, 사회적 대안, 문화적 대안이 마련된 것입니다. 낡은 성리학적 질서를 대체할 총체적인 대안을 가지게 된 것이지요. 그 총체적인 대안을 19세기 말에는 네 글자로 표현했어요. '후천개벽'이라는 것입니다.

후천개벽(後天開闢)이라니요? 어제까지의 일은 선천(先天)이요, 이제는 새 하늘 아래 새로운 세상이 다시 시작된다는 뜻이지요. 인류 역사의 후반부, 즉 '후천'이 시작된다는 거였어요. 이 후천이 '개벽'한다는 것은 매우 장엄하게 열릴 거라는 말인데요, 새 세상에서는 과거에 사람들을 괴롭히던 모든 문제들이 다 해결될 수 있다는 믿음이 널리 퍼져 있었어요. 모든 인간이 평등을 누리고 서로 조화롭게 어울려 살 수 있다는 거지요. 모두가 정의롭게 사는 세상이 활짝 열린다는 뜻에서 후천개벽이라 했던 것이지요.

18세기만 해도 서북 출신으로 세상에서 차별받던 소수의 평민 지식인들이 책 보따리를 들고 우왕좌왕하며 사방으로 돌아다니며 훈장 노릇을 하는 정도였잖아요. 그들은 이리 옮기고 저리 옮기며 간신히 목숨을 구걸하는 듯도 보였습니다. 그렇게 시작된 비밀결사 운동이 150년에서 200년 동안 갖가지 고난의 역사를 뒤로하고서 하나의 당당한 가르침으로 다시 태어났던 것입니다.

감히 농민인 주제에, 평민인 주제에, 조선이라는 나라가 수백 년 동안 떠받들어온 절대적인 지배 이데올로기, 곧 성리학에 맞서 새로운 대안을 내놓았어요. 국왕과 대신들의 눈으로 보면 여전히 무지렁이에 불과했으나, 이 하찮은 사람들이 '시천주조화정 영세불망만사지'를 외치면서 앞 세상은 끝났다고 외치며 '후천개벽'이 된다고 수군거리는 것이었습니다. "세상은 이제 당신들이 멋대로 지배하던 비뚤어지고 원통한 불의의 세상이 아니다. 이제부터는 신분의 지배가 사라진, 배고픔과 억울함이 풍요와 기쁨으로 뒤바뀐 새 세상이 크게 열린다." 이런 주장이 많은 백성들에게 공감을 얻기 시작한 것이 바로 1860년대 초반의 우리 사회였습니다.

물론 이런 주장이 나왔대서 좋아하는 사람들만 있었던 것은 아니지요. "그것은 절대 안 돼!" 그렇게 고함지르며 동학을 탄압하려는 사람들도 적지 않았어요. 동학의 교조인 수운 최제우가 1864년 3월 대구에서 순도(殉道, 순교)하게 됩니다. 동학을 가르친 죄로 목숨을 잃은 사건이 발생한 거지요. 조정의 거센 탄압이 있었던 것입니다.

그럼에도 불구하고, 후천개벽의 시대가 밝아왔다고 믿는 사람들이 도처에서 구름떼처럼 일어나기 시작했어요. 이는 마치 비가 온 다음에 숲속에서 버섯이 막 무더기로 솟아나는 장면과도 같았습니다. 최제우의 죽음에도 아랑곳하지 않고 각 지역에서 동학의 가르침을 믿고 따르는 사람들이 늘어났습니다. 수백이 수천, 수만, 수십만으로 금세 늘어났어요.

동학에 관한 우리 공부의 서막은 여기까지입니다. 역사적으로 보아, 비밀결사운동의 시작은 대단히 미약했으나 결국에는 동학이라는 총체적 대안을 구성하게 되었으니 실로 쾌거라 할 만합니다. 이리 쫓기고 저리 쫓기고, 벼슬 한 번 한 적도 없고, 평생 배불리 밥을 먹은 것이 몇 번이나 되었는지를 손가락으로 헤아려야 할 정도로 가난한 평민지식인들이 결국에는 시대의 문제를 풀고야 말았다는 사실이 감동적이지 않습니까. 가령 호의호식하던 세종 때 집현전 학사 같은 분들이 이런 사상적 결실을 냈다면 우리가 크게 놀랄 일이 아닐지도 몰라요. 그들은 대궐에 소장된 귀한 책들을 두루 섭렵하면서 편안히 학문에 종사했으니까요. 그러나 날마다 주린 배를 끌어안고 살던 평민지식인들, 물로 밥을 대신해서 채우고 살던 사람들이 동학이라는 사상적 열매를 맺었다는 점이 신통한 일이지요.

그것도 말이지요. "너를 죽여야 내가 산다, 어떡해서든 내가 돈을 벌어야지 살지" 하는 식의 통속적인 생각이 아니라, 모든 사람을 하늘처럼 섬기라는 결론으로 귀결되었다는 점에서 실로 값진 일이었다고 봅니다.

다음 시간에는 동학의 교조 최제우는 과연 어떤 사람이었을까, 그 뒤를 이어 동학을 더욱 발전시킨 최시형은 어떤 생각을 했을까, 하는 고민을 좀 더 구체적으로 알아보는 시간을 가지려고 합니다.

질의응답

교수님은 오래전부터 『정감록』을 집중적으로 연구해오신 것으로 알고 있는데요. 동학과 『정감록』의 관계를 어떻게 보시나요?

『정감록』에 관한 최제우의 생각부터 알아봅시다. 최제우의 뜻을 담은 『동경대전』에서 최제우는 『정감록』을 비판하지요. 그런 예언서는 수명이 다했고 읽을 필요도 없다고 말합니다. 그렇겠죠. 최제우는 이미 질적으로 한층 높은 단계에 도달했으니까요. 그렇기 때문에 『정감록』을 가지고, 미래가 이러저러할 것이라고 논할 필요가 없어졌어요.

하지만 최제우가 현실을 진단하고 미래를 예측하는 방식이 '정감록적'이에요. 예를 들어볼게요. '12년 괴질'이 있으리라는 식으로 얘기하거든요. 『정감록』이 서술하는 말세의 징후가 그런 식이었어요. 괴질의 유행, 전쟁의 공포, 천연재해 등이 언급되어 있어요. 제가 보기에 최제우는 바로 그런 전통을 그대로 물려받았어요. 거기에 덧붙여서 자신의 가르침을 펴는 것이었어요.

최제우는 『정감록』의 전통 위에 서 있습니다. 그러면서도 그보다 한 단계 차원이 높은 변화, 즉 질적으로 한층 높은 종교적 가르침을 폈어요.

유교적 이상사회는 모두가 차별 없이 평등한 '대동사회'라고 하셨는데요. 조선 사회는 누구나 평등한 사회가 아니라 엄격한 계급사회였잖아요. 이상은 평등을 추구했는데 왜 그렇게 되었을지 궁금해요.

참 좋은 질문입니다. 유감스럽게도 이상과 현실의 괴리는 어느 사회에서나 쉽게 찾아볼 수 있지요. 우리나라 헌법 제1조에 "대한민국은 민주공화국이다"라고 되어 있습니다. 그러나 우리 사회는 오랫동안 별로 민주적이지 못했습니다. 어떤 사회가 공식적으로 밝힌 지향점과 현실 사이에는 크고 작은 간극이 있습니다. 격차가 작을수록 좋은 사회고, 클수록 문제가 심각한 사회라고 생각합니다.

서양 중세의 기독교 사회도 그런 점에서 조선 사회 못지않게 문제적이었어요. 교황청이 지배하던 중세 서구 사회도 면죄부를 판매할 정도로 부패하고 비합리적이었어요. 그러다 결국 '종교개혁'이 일어나서 쓰러지게 되었지요.

제 생각은요, 아무리 훌륭한 사상과 이념이라도 그것이 교조적인 성격을 띠게 되면 결국 부패하는 것 같아요. 교조화(敎祖化)라는 현상을 저는 '신학화'라는 말로 바꾸어서 쓰기도 합니다. 신학이 나쁘다는 것은 아닙니다만, 건전한 비판과 토론을 보장하지 않고 어떤 가르침이나 주의·주장을 문자 그대로 '성역화'하면, 결국 무엇이든 부패하기 마련입니다.

민주주의 사회도 마찬가지죠. 우리는 모든 문제를 공개적으로 비판하고 토론할 수 있어야 될 것입니다. 지위의 높고 낮음에 관계없이 누구나 그런 권리를 행사할 수 있는 사회가 만들어져야 합니다.

재벌 가운데는 아직도 노동조합을 제대로 허용하지 않는 곳이 있다고 합니다. 이런 회사는 헌법이 보장하는 노동3권을 억압하는 심각한 범죄를 저지르고 있는 셈입니다. 그런데도 버젓이 살아 있어요. 아니, 누구나 그런 재벌 회사에 취직하기를 꿈꾸고 있는 형편입니다.

이것은 결국 지금 우리 사회가 헌법을 충실히 따르지 않고 있다는 뜻이 됩니다. 나라의 주인이 국민이 아니라, 재벌이라는 뜻이 되는 것입니다. 우리 사회에 좋은 점들이 무척 많고, 다른 나라에 비해 상당히 민주적이라고 볼 수 있는 점이 있지요. 그럼에도 불구하고, 적지 않은 미해결의 문제가 있는 것도 사실입니다. 딱히 조선 사회만 이상과 현실에 괴리가 컸던 것은 아니었던 셈입니다.

조선후기에 일어난 비밀결사운동은 바로 현실과 이상의 괴리를 극복하기 위한 것이었다고 봅니다. 그때 사람들은 조정의 탄압에도 굴하지 않고, 마침내 '후천개벽'의 기치를 높이 들어 올렸습니다. 실로 장한 일이었다고 생각합니다.

사람이 하늘이다.
최제우와 최시형의
삶과 가르침

동학사상의 핵심을 더듬어보는 시간입니다. 동학을 일으킨 수운 최제우와 그 후계자인 해월 최시형, 이 두 분의 생각이 무엇이었는 지를 이야기하겠습니다. 자세한 내용은 물론 그분들의 말씀을 기록한 동학의 여러 경전들을 직접 읽어보면 될 것입니다. 여기서는 경전의 내용을 일일이 인용하거나 하나씩 따져서 살펴보는 일은 하지 않으렵니다. 저는 그분들 생애와 사상을 나름대로 공부한 적이 있었는데요, 오늘은 제가 공부한 내용을 대개 일곱 가지로 간추려서 말씀드리려고 합니다. 말하자면 제가 가지고 나온 생각의 지도인 셈입니다.

우선 제일 중요한 것부터 짤막하게 말씀드리죠. 결론이라고도 할 수 있겠는데요. 최제우와 최시형 두 분의 사상이 갖는 본질적인 의미가 무엇일까요? 그것을 알아보는 것이 이번 강의의 요체입니다. 한마디로, 저는 그것이 '자주적 근대화' 또는 '자주적 근대의 성취'에 있었다고 말하고 싶어요. 이 강의의 핵심은 '자주적 근대'라는 말에 있습니다.

제 말씀을 듣고 여러분은 상당히 의외라고 생각할 수도 있겠어요.

'근대'라는 말 자체가 사실은 굉장히 애매하지요. 게다가 그 앞에 '자주적'이라는 일종의 수식어를 붙이면 더욱 모호하지 않느냐는 반응이 나올 수 있습니다. 정당한 문제 제기라고 생각해요.

그럼 강의를 본격적으로 시작하기 전에 약간의 설명부터 해야겠 군요. '근대'라든가 '근대화'라고 하면 보통은 산업화를 빼놓을 수 없습니다. 서구의 근대는 사실상 산업화와 동전의 앞뒷면처럼 붙어 있었으니까요. 근대 서구의 가장 중요한 특징이 바로 공장식 상품 생산체제였다고 해도 지나친 말이 아니지요.

최제우와 최시형이라는 동학의 큰 스승들은 그럼 산업화를 추구 했던가요? 아니지요. 두 분의 가슴속에는 공장, 기계, 근대적 산업 같은 개념이 들어 있지 않았어요. 그분들은 유럽의 생산·소비방식 을 따라가려는 의지가 전혀 없었단 말씀이지요. 요컨대 그분들이 바랐던 새 세상은 유럽식이 아니었다는 거지요.

이제 눈치가 빠른 분들은 제 말씀의 본뜻을 짐작하실 것 같아 요. 제가 말하는 '자주적 근대화'라는 것은 유럽화도 아니고 근대 적 산업체계와는 거리가 있다는 것입니다. 여러분은 유럽식 근대화 에 너무도 익숙하지요. 그래서 근대적 산업화를 떠난 근대화라는 것을 상상할 수 없을는지도 모릅니다.

최제우와 최시형 등이 '근대'의 문을 열어젖혔다만, 그것은 어떤 근대입니까? 여러분은 제게 그런 질문을 하고 싶을 것입니다. 제 대답은 명확합니다. '관계의 질적 개선'이 바로 동학이 지향한 새로 운 세상이었다고 말입니다. '인간관계의 질적 개선'이 동학의 근대화였습니다. 너무 어렵게 생각되나요? 그럴 수도 있겠습니다만, 실은 복잡한 이야기가 아닙니다. 단순하게 말씀드리지요. 동학이 등장하기 이전의 우리 사회에는 많은 사회적 모순이 있었지요. 지배와 종속이라고 하는 완강한 신분질서는 물론 젠더의 차별이 존재했습니다. 지구상 어디서나 대체로 그러한 문제점이 있었고, 실은 지금도 완전히 해결되지 못한 채 많은 사람을 괴롭히고 있어요.

동서양을 막론하고 전통사회에서는 사회적 관계의 불평등이 인간사회의 질곡을 만들었던 것입니다. 인간관계를 어둡게 만들었다는 거죠. 동학은 그런 사회적 모순에 민감했습니다. 이런 문제를 일거에 해결하기 위해, 최제우와 최시형은 많은 노력을 기울였습니다. 요즘 말로, 평등의 가치를 추구한 셈이었습니다. 그런데 저는 '평등'이란 말을 쓰고 싶지 않습니다. 대부분의 동학 연구자들은 지금도 평등이란 말을 거침없이 사용하지요.

하지만 저는 '평등'이란 용어를 그다지 좋아하지 않습니다. 지금 우리가 사용하는 이 말은 물론 불교 용어인데요, 거기에 우리는 서구적 가치인 정치·경제적 평등을 덧칠했습니다. 그런데 말입니다, 과거에 저는 제 스스로에게 한 가지 질문을 던져보았습니다. 최제우와 최시형이 서구적 의미의 평등을 주장한 것인가 하는 것이었지요. 저는 아니라고 생각합니다. 그분들은 산술적 의미의 평등을 설파한 것이 아니었습니다. 그분들은 인간의 존귀함을 일깨웠다고 해야 옳습니다. 그분들이 평등을 주장했다기보다는 인간 한 사람 한 사람의 존귀함을 강조했습니다. 결과적으로는 그분들의 주장이 서구 계몽주의자들의 '평등'과 같은 의미로 해석될 수도 있어요. 그러나 엄밀한 의미에서는 다릅니다. 그분들은 '평등', 즉 동등한 자격과 권리를 강조한 것이 아니란 말씀입니다. 그것이 아니라, "우리는 모두 지극히 존귀하다"고 말씀한 것입니다.

가령 당신도 내게는 한없이 존귀하고, 당신도 나를 한없이 존귀한 존재로 대접합니다. 극도로 귀한 당신과 극도로 귀한 나의 사이라서 평등한 관계가 형성되는 것은 틀림없어요. 하지만 그분들의 주장은 당신과 내가 평등하다에 초점이 있었던 것이 아니란 말씀입니다. 그 말씀의 결과로, 평등의 관계가 성립될 수 있지만, 그것은 평등을 주장한 것이 아니라는 거지요. 모두의 존귀함을 일깨웠다고 봐야 한다는 것입니다. 이 점이 오늘 강의의 결론입니다. 동학사상의 본질은 인간의 존귀함을 일깨우는 데 있었다는 사실입니다. 그 점을 똑바로 인식하는 것이 매우 중요합니다.

이 강의는 '존귀함'을 찾아 나서는 정신적 여행입니다. 우리의 여행을 위해 제가 만든 지도의 첫 번째는요, 인간이 지극히 존귀하다는 주장이 나오게 된 사상적 계보를 알아보는 작업입니다. 최제우는 어느 날 갑자기 지극히 우연히도 인간이 존귀하다는 생각을 하게 된 것이었을까요? 아닙니다. 그가 명시적으로 존귀함을 선포하게 된 데는 역사적 맥락이 있었습니다. 그의 생각을 제대로 이해하려면 일종의 계보학적 접근이 필요합니다. 알고 보면, 중요한 모든 생각에는 그 나름의 계보가 있기 마련입니다. 그런 점에서 우리는 최제우와 최시형의 내면에 감추어진 생각의 계보를 더듬어봐야 할 것입니다.

두 번째로는, 동학을 떠올릴 때 우리가 곧바로 부딪히는 또 하나의 개념적인 문제를 극복하는 것입니다. '천주'라고 하는 개념이 문제입니다. '천주' '하늘님' '하느님' 또는 '하늘'이라고도 부르는 존재가 우리의 관심을 끕니다. 바로 그 하느님이란 무엇입니까? 이 문제에 대해서도 생각을 정리해봐야 할 것입니다.

세 번째로는, 역사적 맥락에 대해 점검해야 합니다. 가령 최제우가 인간의 존귀함을 강조한 배경이 조선 사회라고 하는 한반도의 내적 관계로만 설명될 수 있을까 하는 문제를 다뤄보고 싶어요. 제생각에는 말이지요. 동학의 등장에는 세계사적 흐름이 작용했다고 봅니다. 19세기 후반의 세계사적 맥락을 빠뜨리면 최제우의 사상을 충분히 이해하지 못했다고 하겠습니다. 또 다른 말로, '서구의 충격'에 대한 설명이 곁들여져야 동학의 등장에 대한 입체적 이해가 가능하다는 말씀이지요. 18~19세기 한반도를 포함한 동아시아에 엄청난 시련을 주었고, 감당하기 어려운 도전이었던 서구의 충격을 잊어서는 안 될 것입니다.

네 번째로는, 동학에 보이는 융합적 성격을 거론하고 싶어요. 국내적으로는 그 사상에 계보학적 이유가 있었고, 바깥세상으로부터 비상한 충격이 작용해서 동학이 출범했다고 보는 것인데요, 이를 한마디로 '융합적 창조'라고 해도 좋을 것 같습니다. 어떤 사람들은 동학의 사상을 별로 독창이지 않다고 생각합니다. 이는 일종의 '습합(褶合)'이라고 보는 것입니다. 쉽게 말해 여러 사상으로부터 장점을 모아서 섞어놓았다고 보는 관점입니다. 저는 그렇게 단순한 일이 아니라고 봐요. '융합적 창조'란 동학의 독창적인 가치를 인정할 때라야 나올 수 있는 표현이겠지요.

다섯 번째는 '개벽'이란 말씀입니다. 그야말로 천지창조라는 것입니다. 세상의 낡은 질서를 전복하고, 새로운 질서가 탄생했다는 뜻입니다. 서두에서 말씀한 것처럼 이 강의의 중심은 '관계의 질적 전환'인 것입니다. 인간관계의 질적 전환은 질적으로 다른 세상을 만드는 밑거름입니다. 그 점을 뚜렷하게 설명하는 것이 바로 '개벽'이라는 개념이지요.

여섯 번째는 동학의 조직에 관한 설명입니다. 지금까지의 제 설명을 문자 그대로 받아들이면 최제우와 최시형을 사상가로만 받아들이게 될 수도 있을 것 같아요. 마치 그분들이 고도로 정밀한 머리밖에 없는 컴퓨터처럼 착각할 수도 있겠다는 염려가 듭니다. 물론 그런 것이 아니었어요.

관계의 질적 개선을 꾀했던 분들이지요. 최제우와 최시형은 인간 사회의 '관계망'을 매우 중요하게 생각했어요. 그분들이 구축한 인간관계망은 결국 어떻게 해서든 세상을 바꾸고자 한 노력의 소산이었지요. 더욱 구체적으로 말해, '포(包)'와 '접(接)'이라고 하는 새로운 조직이 등장하게 되었던 것입니다.

끝으로, 우리는 동학의 사상적 열매와 그 특징을 동아시아의 맥락에서 살필 것입니다. 우리 역사를 한반도에만 국한시켜서 이해하는 태도가 오래전부터 지배적인데요, 아쉬운 점이 있었습니다. 과거 우리 사회에서 일어난 여러 사건들은 동아시아의 역사적 맥락에서 관찰할 때 더욱 선명하게 그려지기도 합니다. 동학은 결코 우리 한국인들의 동학이 아닐 수 있습니다. 이는 동아시아의 동학이라고 해도 무방할 것입니다. 저는 그 점을 힘주어 말하고 싶습니다.

제2강에서 여러분과 제가 함께 걸어갈 산책의 지도는 대략 이상과 같은 순서와 목적을 가지고 있습니다. 이런 상상의 지도를 쭉 폈다가 다시 접어봅니다. 제게는 이런 느낌이 들어요, 이 강의 시간에 우리는 사상의 계보학을 새로 쓰는 것이 아닌가 하는 기분 말입니다. 우리가 만들어가는 사상의 계보학이란 사상적인 측면에 국한되지 않습니다. 그것은 사회적 맥락과 문화적인 맥락, 양적 연구라기보다는 질적 연구라는 특성을 가지는 것이 아닐까 합니다.

'존귀함'의 사상적 계보학

"사람이 존귀하다." "아니다, 사람만이 존귀한 것은 아니다." 이런 생각들이 18세기의 우리 사회에서는 매우 심각한 철학적 탐구 대상이었습니다. 놀라운 일이 아닌가요? 여러분은 아마도 '인물성동이론(人物性同異論)'이라는 용어를 한 번쯤 들어본 적이 있을 것입니다. 사람의 본성[人性]과 동물을 비롯한 여러 사물의 본성[物性]은 과연 같을까, 아니면 수준에 차이가 있을까 하는 논쟁이 그 시절 성리학계를 뜨겁게 달구었어요.

우리가 잘 아는 정조 임금은 당대 최고의 젊은 학자들이라고 할 수 있는 '초계문신'들에게 이 문제에 대해 어떤 생각을 하는지 물어 보기도 했어요. 유명한 실학자 정약용은 정조의 질문에 대해 자신의 답변을 쓰기도 했고요, 그 답안지가 지금도 남아 있어 우리의 관심을 끕니다. 정약용은 뭐라고 대답했을까요? 사람과 동물의 본성이 같을 리가 없다고, 그는 대답했어요. 사람은 도덕성을 가지고 있으나, 개나 돼지 같은 동물에게는 그런 특성이 없다는 것이었어요.

그러나 인성과 물성이 같다고 보았던 학자들도 당시에는 상당수 있었어요. 그들은 마치 19세기 영국의 생물학자 찰스 다윈과 마찬가지 생각을 했던 것입니다. 누가 옳은가 그른가를 떠나서 18세기 이후 우리의 지식인 사회에서 이런 문제가 철학적으로 진지하게 검토되었다는 사실 자체가 흥미롭지 않나요?

성리학이라는 학문에 관하여 우리는 많은 점을 알고 있기도 하지만, 다른 한편으로 완전히 오해하기도 합니다. 모든 것을 너무 극단적으로 생각할 일은 아니지요. 긍정 또는 부정에 쏠리면 곤란할 것 같아요. 모두 알다시피 성리학이 본격적으로 들어온 것은 14세기부터였다고 볼 수 있어요. 처음에는 우리 사회에서 성리학의 역할이 매우 진보적이었습니다. 일부 성리학자들은 당시의 사회문화적 여건 속에서는 쉽게 상상하기도 어려울 정도로 급진적이었습니다. 가령 정도전 같은 이는 지주제를 노골적으로 반대할 정도였지요.

성리학의 영향으로 우리 사회는 많이 달라졌어요. 세계관에도 큰 변화가 나타났다는 말씀입니다. 성리학자들은 삶을 지배하는 이치에 대해 생각했고, 우주의 근본이 무엇인지를 궁리하기도 했어요. 그들은 형이상학적으로도 세상 문제를 살폈으나, 세상을 더욱 공정하고 정의롭게 만들기 위해 실천적인 노력도 쏟았습니다. 15세기까지만 해도 다방면에 걸쳐 성리학의 기여가 많았다고 생각해요.

그런데 16세기가 되면 사정이 달라집니다. 성리학자들이 사변적인 방향으로 치우쳐버립니다. 가장 전형적인 것이 '이기론(理氣論)'이었어요. 사물을 움직이는 두 가지 힘, 즉 이치[理]와 기질[氣]의 역할에 대한 형이상학적 검토가 너무 깊어졌어요. 극히 소수의 사람들은 그런 연구를 통해 세상이 좋아질 수 있다고 확신했을지 몰라도, 대다수 사람들이 보기에 이기론은 공리공담이었어요.

당대 최고의 선비들이 몹시 추상적인 논의에 매달린 바람에, 현실생활에 필요한 개혁은 더욱 지체되었습니다. 실천이 사라진 지루한 논쟁이 학계를 사로잡았으니, 유감이라고 해야겠지요. 물론 그것이 꼭 나쁘기만 하다고는 말할 수 없어요. 16세기라는 시대적 한계 속에서 지배층이 이처럼 고상한 철학에 헌신한 나라도 당시 세계에서는 찾아보기 어려운 일이었을 테니 말입니다.

17세기 들어서 최고 수준의 성리학자들은 이제 '예학(禮學)'으로 방향을 전환해요. 그들은 뚜렷한 답이 나오지 않는 형이상학적인 연구로는 만족하지 못했기 때문이지요. 선비들은 현실에 눈을 돌렸던 것인데, 그것이 바로 인간의 적절한 태도와 언행이었어요. 이미 돌아가신 선조와 살아 있는 가족이나 친족에게 예의를 구체적으로 표현하는 방식과 절차에 초점을 맞춘 거지요. 이것이 성리학의 새로운 흐름을 형성했습니다.

충청도의 탁월한 선비들이 예학의 가장 탁월한 대가였어요. 사계 김장생(金長生)과 신독재 김집(金集) 부자를 비롯하여 그때는 많은 예학자들이 등장했습니다. 하필 충청도에만 예학자가 살았던 것도 아니었습니다. 예학이 중시된 결과, 17세기의 왕실에서는 어른이 사망할 때마다 적절한 상례(喪禮)를 둘러싸고 치열한 논쟁이 벌어졌어요. 가령 아홉 달 동안 상복을 입어야 하느냐, 1년 동안 입어야 하느냐를 가지고 온 나라가 부글부글 끓을 정도가 되었다 이 말입니다.(또한 1659년, 1674년 예송 논쟁을 참고해보면 좋겠습니다.)

오늘날의 관점에서 보면 이 역시 무의미한 일이었지요. 대단히 소모적인 노쟁이기도 했고요. 어이없게도 논쟁에서 진 대학자들이 사지로 내몰리기도 했습니다. 백호 윤휴(尹鑴)와 우암 송시열(宋時烈)이 대표적인 경우였지요. 예학논쟁이 정치 쟁점화하면서 민생에 도움이 되기는커녕 국가적인 폐해로 이어졌습니다.

많은 사람들은 염증을 느꼈을 것입니다. 문제가 이래도 해결이 안 되고, 저래도 해결이 안 되었어요. 그때 나타난 것이 바로 여러분이 학교에서 배우는 '실학'이라는 새로운 학풍이었어요. 학문이 민생과 유리되어서는 공론에 불과하다는 각성이 있었기 때문에 많은 실학자가 등장한 것이었지요.

그러나 성리학자들 가운데는 이 기회에 또 다른 논제를 발견할 필요를 느끼는 사람들이 있었어요. 그들은 일종의 심성 논쟁을 벌였어요. 인간의 본성은 무엇인가 하는 논의였지요. 그 실체를 압축적으로 보여주는 것이 바로 앞에서 말씀드린 '인물성동이론'이었습니다. 한마디로, 사람과 동물의 본성이 같으냐, 다르냐 하는 문제였지요.

다르다고 주장한 선비들 가운데 가장 이름난 이는 충청도 홍성에 살던 남당 한원진(韓元震)이라고 하는 학자였어요. 그와 달리, 인성과 물성은 같다고 주장한 사람들도 있었어요. 서울과 지금의 충청도 온양에 있는 외암마을에 살던 외암 이간(李柬)이라는 학자가 대표적이었어요. 이간은 도덕적 본성은 하늘이 모든 사물에게 부여한 것으로 보았어요.

양측 모두 자신들의 주장을 형이상학적 측면에서 증명했습니다. 실험이나 관찰이 아니라 순전히 이론적인 측면에서 논의한 것입니다. 현대의 학문과는 거리가 먼 접근방법이었어요. 그런 점에서 현대인이 보기에는 무의미한 논쟁일 수도 있어요. 하지만 이런 논쟁이 사회적으로 널리 확산되는 과정이 있었다는 점은 중요합니다.

조선후기 사회에서는 이제 인간사회 내부의 차이는 사소한 것이 되고 말았습니다. 노력 여하에 따라서는 극복될 수 있는 근소한 차이로 인식하게 된 사실이 중요합니다. 이러한 인식이 사회적 통념으로 자리잡았기 때문에, 최제우가 하느님 모시듯이 자기 자신을 극진히 모시고, 이웃도 하느님 모시듯 하라고 말했을 때 사람들은 고개를 끄덕이게 된 것입니다.

누군가는 제게 물어올 것입니다. 최제우와 최시형이 인물성동이론의 내막을 알았냐고요? 사실 별로 중요하지 않다는 것이 제 대답입니다. 지식의 계보학이란 관점에서 볼 때 후세는 과거의 유물을 공동으로 계승합니다. 단 한 사람이 발견한 지식이라도 후세는 그것을 공유하는 경향이 있습니다. 가령 우리는 지난 수십 년 동안 컴퓨터의 프로그램 언어가 어떻게 변하고 발전했는지를 몰라도 프로그램 언어로 짜여 작동하는 컴퓨터와 스마트폰을 얼마든지 이용할 수 있습니다. 어느 한 시대에 속한다고 하는 사실은 이미 전시대의 문화적인 산물이라거나 정신적인 유산을 그대로 상속하는 특전을 누립니다.

최제우도 마찬가지였습니다. 인성과 물성에 관한 토론이 오랫동안 전개되는 과정에서 많은 글이 쓰였어요. 최제우가 그런 글을 직접 읽었느냐 하는 문제는 별로 중요하지 않고요, 정말 중요한 사실은 한국의 지성사적 흐름 속에서 이것이 최제우에게 상속되었다는 점이 의미 있는 일인 것입니다.

신분과 지위, 성별과 나이를 초월해서 인간이라면 기본적으로 누구나 동질적인 바탕을 가지고 있다는 관념이 보편화되었다는 점이 매우 중요합니다. 적어도 18세기의 우리 사회는 거기까지 나아간 것입니다. 하나의 상식으로 굳어진 세상이라는 점이 매우 중요합니다. 그런 인식이 널리 퍼졌기 때문에, 현실 사회에서의 신분 차별은 여전히 지속되었으나 철학적 의미에서 보면 사람과 사람 사이의 차별은 이미 사라져버린 것입니다.

재미있는 변화였어요. 사실 그런 사상의 계보는 매우 오래된 것이었어요. 그러나 그동안 많은 사람들이 그런 인식을 제대로 공유하지 못했던 거지요. 계보학으로 볼 때 인간의 본성 자체에 대한 논의는 대뜸 성리학의 집대성자 주희(朱熹)에게로 거슬러 올라갑니다. 그러나 그 끝을 찾아 올라가면 한이 없을 정도였어요. 주희를 비롯해 송나라의 성리학자들은 누구라도 학업에 매진하고 수양을 거듭하면 군자가 될 수 있다고 가르쳤다고 하지요. 그런 생각의 뿌리는 공자의 가르침에 닿아 있어요.

『논어』의 첫 구절이 무엇입니까. '학이시습지불역열호(學而時習之不亦悅乎)'라 했지요. "배우고 때로 익히면 즐겁지 아니한가?"라는 뜻이지요. 이 구절의 뜻을 깊이 캐보면 한 가지 중요한 지점에 도달합니다. 유교적 사유란 근본적으로 신분제와 어긋난다는 점이지요. 공자는 근본적인 의미로 개인의 깨침을 중시했어요. 개인의 능력이 충분히 발휘되어 학문을 완성하고 수양을 통해 군자가 될 수 있다고 믿었습니다. 공자는 혈연을 중심으로 사람의 가치를 평가하지 않았어요. 이미 중국 고대 사회는 차별적인 신분제로 운영되었기 때문에 그것을 노골적으로 반대하지 못했을 뿐입니다.

그런데 우리 사회는 다른 어느 사회보다도 세습적인 신분을 중시했어요. 신라의 골품제도는 일례에 지나지 않습니다. 차별을 근간으로 하는 신분제도가 발달한 한국 사회에서 신분제도 자체를 부정하기란 어려운 일이었어요. 그러나 그러한 사회적 관습의 너머에서 선비들은 인간의 동질성에 관한 철학적 사유를 계속했습니다. 그리하여 마침내 동학에 이르면 신분 차별의 늪을 무사히 헤엄쳐 나올 수 있었던 것입니다.

잘 살펴보면 불교적 사유에도 역시 같은 요소가 내재되어 있었습니다. 모든 중생은 하나같이 불성을 가지고 있다고 보았잖아요. 불성, 곧 부처가 될 수 있는 성품을 가지고 있다는 거지요. 그렇게 훌륭한 씨앗을 우리 누구나 가지고 있단 말이에요. 문제는 이 씨앗을 누구는 잘 키우고, 누구는 망가뜨린다는 것입니다. 잘만 하면 어떤 사람은 부처가 되고 보살이 되는 것이지요. 그 씨앗을 완전히 망가뜨리면 불행히도 나락에 떨어지는 일이 생기겠지요. 하지만 근본적으로는 누구나 다 부처가 될 수 있다는 신념이 불교사상의 저변에 깔려 있습니다. 언젠가는 개나 돼지도 결국 부처가 될 수 있다는 신앙의 가치는 참으로 대단한 것입니다.

여기서 일일이 다 설명할 시간이 없습니다만, 군자가 되고 부처가 되고 신선이 될 가능성을 인정하는 것이 불교요, 유교요, 도교입니다. 가령 도교에서도 인간은 누구나 최상의 존재인 '진인(眞人)'이 될 수 있다고 말하잖아요. 이런 생각이 동아시아의 주요 종교에는 공유되고 있었어요. 그런 생각의 뿌리가 매우 깊었습니다.

하지만 이처럼 귀한 생각의 줄기가 미약했어요. 때문에 사람들은 이런 고상한 생각 자체를 버리지는 않았으나, 현실적으로는 차별의 굴레를 마치 당연한 운명이라도 되는 것처럼 생각했어요. 그리하여 차별의 제도가 용인되었고 그것을 자발적으로 강화하는 하층민도 적지 않았던 것입니다.

그런데 19세기 후반이 되면 세상이 뒤집어지기 시작했어요. 미약했던 생각의 뿌리가 갑자기 굵은 줄기를 키웠고, 가지마다 꽃을 피웠다는 그런 말씀입니다. 수운 최제우에 이르러서 일대 변화가 일어난 것입니다. 그것이 해월 최시형을 거쳐서 의암 손병희(孫秉熙, 1861~1922)에 이르는 3대 동안에 놀라울 정도로 강화되었습니다.

그렇습니다. 저는 지금 더욱 강화되었다고 말했어요. 인간의 '존귀함'에 대한 확고한 신념이 널리 퍼졌어요. 우리가 일반적으로 동학을 이해하는 것과 지금 제가 강조하는 것 사이에는 상당한 차이가 있어요. 그 차이가 무엇인지 궁금하실 것입니다.

동학이라고 하면 우리는 한마디로, 그것은 '인내천'의 사상이라고 말합니다. 사람이 하늘이라는 이야기지요. 동학은 늘 그러했다고 믿는 경우가 대부분일 것입니다. 큰 틀에서 보면 옳은 이야기입니다만, 자세히 들여다보면 상당의 차이가 있었던 것도 사실입니다.

'회상적' 관점에서 보면 세 명의 동학 교조가 가르친 것이 모두 같아 보입니다. 손병희가 '인내천'이라는 말을 직접 사용했습니다. 때문에 대를 거슬러 올라가 최제우도 똑같은 생각을 가졌으리라고 우리는 간단히 결론짓습니다. 물론 옳은 이야기지만 뉘앙스가 상당히 다른 것이었어요.

사상의 계보학적 관점에서 보면 그 차이가 보입니다. 요점만 간단히 말할게요. 최제우는 사실 '시천주' 하라고 요청한 것입니다. '시천주 조화정 영세불망 만사지'라고 얘기했어요. 앞에서 해석한 것처럼 하느님을 잘 모시라고 한 것입니다. 그래야 관계의 질적 변화가 일어난다고 주장했습니다.

그런데요, 최제우는 '천주' 곧 하느님을 섬기라고만 했지, 하느님이 누구인지는 정확히 말하지 않았어요. 최제우가 후세에 남긴 『동경대전(東經大全)』과 『용담유사(龍潭遺詞)』 같은 경전을 샅샅이 조사해도 하느님은 '내 몸' 밖에 있을 뿐입니다. '내 몸' 안에서 발견되지 않아요. 그걸 어떻게 아느냐고 묻고 싶은가요?

1860년에 처음으로 최제우가 접신(接神)을 했지요. 신을 만났다는 말씀입니다. 그때 하느님이 최제우에게 내려왔다고 해요. 최제우가 제자들에게 일러준 '시천주주(侍天主呪)'를 보아도 '지기금지(至氣今至)'란 말이 나와요. 지극한 기운, 곧 더 이상 강할 수 없는 강력한 기운이 지금 내게로 오시라는 뜻이지요. 여기서 말하는 '지기'란 두말할 나위 없이 하늘인 것입니다. 천주 곧 하느님이 나에게로 강림하시기를 바란다는 말이고 보면, 최제우의 하느님은 본래 하늘에 있는 신령한 존재라는 뜻이 아니겠어요? 그래서 천주인 거지요. 최제우의 하느님은 대기 중에 보편적으로 존재하는 지극한 기운이었어요. 이는 너도 아니고 나도 아닌 무엇이었다고 봐야 할 것입니다. 그런 하느님 인간인 내가 서로 만나는 거죠. 어떻게 만날 수가 있습니까?

내가 하느님을 마음속에 모심으로써 가능한 거죠. 엄밀히 말해, 최제우의 신앙 단계에서 보면 사람이 곧 하늘이라고 단정하기는 퍽 어려워요. 사람은 저마다 가슴에 하늘을 모셔야 되는 것이지 하느님이 내 안에 본래부터 계신 것이 아니었어요.

그러나 최시형의 단계가 되면 사정이 달라집니다. 최제우의 후계자 최시형은 뭐라고 가르쳤습니까? 최시형은 맨 처음으로 '양천주

(養天主)'를 말했습니다. 하느님을 기르라는 것입니다. 천주를 기르다니요? 천주는 나하고 비교할 수도 없이 큰 기운인데 어떻게 기릅니까?

최시형이 생각하는 하느님은 이미 우리의 안에 들어와 있어요. 누구나 마음속에 하느님을 가지고 있다는 뜻이지요. 최제우가 생각하는 하느님은 마치 천주교의 천주님처럼 밖에 계시는 분이에요. 그분을 내가 정성껏 모시는 것이 신앙이고요. 모신다는 것은 내 마음과 그분이 하나가 되는 일이지요. 내가 하느님을 안에 모시는 거라고 볼 수 있어요. 그런데 최시형은 본래 밖에 있었던 하늘을 내 안으로 모셔서 기르는 것으로 한 걸음 성큼 앞으로 나아갑니다.

최시형에게 또 다른 사상적 변화도 일어났습니다. '사인여천(事人如天)'이라 했어요. "다른 사람을 하느님처럼 섬기라는 겁니다."가 돼요. 이런 점에서 저는 동학이 질적으로 크게 변화했다고 봅니다. 내 마음 안에도 내가 길러야 할 하느님이 계시고, 네 안에도 하느님이 계시니까, 내가 너를 함부로 대하면 너만 함부로 하는 것이 아니라 하느님을 함부로 대하는 것이 된다는 것이지요. 그러므로 나는 너를 하느님 대하듯 정성껏 섬겨야 한다는 것입니다.

최시형의 하느님은 남녀, 귀천, 연령을 초월한 공경으로 표현됩니다. 참으로 신성한 느낌이 들 정도입니다. 그에 관하여 한 가지 일화가 있습니다. 아래에 요약해서 소개하겠어요.

관헌의 체포를 피하기 위해 최시형은 보따리 하나를 달랑 들고 선교 여행을 계속했습니다. 그리하여 별명이 '최보따리'였어요. 체포를 피하기 위해서였지요.

어느 날 최시형은 동학 교우의 집에서 밥을 먹고 있었습니다. 그 때 밖에서 짤그락짤그락 소리가 나는 거예요. 그래서 묻습니다. "주인님, 지금 밖에서 무슨 소리가 나는 겁니까?" 그러니까 주인이 뭐라고 대답하는가 하면요. "예, 해월 선생님. 다름이 아니고 우리 며늘아기가 물레를 잣고 있습니다."

대답을 들은 최시형이 또 이렇게 말합니다. "아니, 지금은 식사 때가 아닙니까?" "예, 밥때 맞습니다." "그런데 어찌해서 우리는 이렇게 한 상에 둘러앉아서 밥을 먹는데, 며늘아기는 일을 합니까? 며늘아기도 여기 오라고 해서 밥을 같이 드십시다." 그러면서 한마디를 보태죠. "며늘아기가 바로 당신의 하늘님입니다." 바로 그렇게 얘기합니다. 다른 사람이 바로 당신의 하느님이라고 말이죠. 이제 사람이 곧 하늘이 되었지요.

나중에 최시형의 생각은 한층 더 발전했습니다. 심지어 그는 밥을 먹는 걸 가지고 '이천식천(以天食天)'이라고 합니다. 무슨 말일까요? "우리는 하늘로써 하늘을 먹고 있습니다." 주체는 우리들인데요, 우리도 하늘이지마는 우리가 먹는 밥도 하늘이라는 말이지요. 하필 밥만 하늘이 아닌 것입니다. 우리가 마시는 물도 하늘, 우리의 옷도 하늘, 우리의 호미도 낫도 다 하늘입니다. 그러므로 이제 하늘은 무엇입니까? 굳이 사람만 하늘이 아니라는 말씀입니다. 만물이 하늘이라는 것이지요. 18세기 성리학자들이 시작한 인물성동이론이 최시형에 이르러 확실한 답을 얻게 되었습니다. 그때 성리학자들은 기껏해야 인간의 본성과 동물의 본성이 같으냐, 다르냐를 이야기했습니다. 하지만 19세기 말에 이르러 동학의 위대한 스승 해월 최시형은 심지어 무생물까지도 모두 하늘로 여겼습니다. 결과적으로는 '평등론'인 셈이지만 스케일이 전혀 다릅니다.

바로 이런 점 때문에 저는 제2강의 서두에서 동학의 '평등'은 서양 근대의 유산인 인간평등의 사상과는 다르다고 했습니다. 계몽사상이 유행하던 17~18세기 서양의 지식인들은 기껏해야 신분의 평등에 주목했습니다. 19세기가 되면 남녀평등으로 확대되기는 했습니다. 그러나 그들이 강조한 평등은 인종차별의 늪에 빠졌습니다. 서구 사회의 평등은 식민지 백성에게 확대 적용되지도 못했고, 특히 흑인에 대한 그들의 편견과 차별은 지금까지도 온전히 극복되지 못한 역사적 난제인 것입니다.

일반적으로 사람들은 서양 근대에 등장한 평등의 개념을 덮어놓고 예찬하는 경우가 많습니다. 그러나 그것은 매우 협소한 평등론이었습니다. 점차 그 범주가 확대되었다 해도 아직도 인간 세상에 국한된 것이지요. 그에 비하여 최시형의 하늘은 신분의 차별, 남녀의 차별, 나이의 차별을 부정할 뿐만 아니라 인간과 동물, 나아가 무생물에 이르기까지 차별을 근본적으로 부정한 것이었습니다.

우주 만물이 더없이 지극히 존귀하다는 사상이 등장했다는 것은 크게 환영할 일입니다. 바로 그런 점에서 저는 동학의 가르침은 관계의 질적 변화를 바탕으로 한 자주적 근대화라고 봅니다. 인간 상호 간의 관계에 그치지 않고, 인간과 만물의 관계를 정의롭게 바꾸려 했다는 점에서 최시형이 도달한 인식의 새로운 지평은 수도 없이 강조할 만큼 중요합니다. 오늘날의 개념으로 바꾸어서 말하면, 최시형은 '생태적 전환'을 주창한 사상적 선구자라고 평가할 만합니다.

근대 서구 사회는 인간의 자유와 평등이란 가치관을 널리 퍼뜨린 공적이 있습니다. 그러나 아직도 세계 각국에서는 비민주적인 권력의 횡포가 심합니다. 경제적 불평등의 문제도 심각한 상황입니다. 서구 여러 나라를 비롯해 일찍이 산업화에 성공한 몇몇 아시아 국가들도 막강한 국력과 자본을 이용하여 지구 곳곳을 약탈하고 있는 실정이지요. 21세기에도 세계 인구의 절반은 절대 빈곤에서 벗어나지 못하는 안타까운 사정입니다.

지난 세기 서구 열강과 일본은 가공할 만한 세계대전을 일으켜, 수천만 명의 목숨을 빼앗았습니다. 그 뒤 우리나라도 고도로 산업화된 국가의 반열에 들어가게 되었습니다만, 산업화로 인한 지구 생태환경의 파괴는 심각한 수준에 도달했습니다. 산업화를 앞세운 서구식 근대화는 여러모로 전 지구상에 심각한 부작용을 나타내고 있는 셈이지요.

최제우와 최시형 등이 추구한 관계의 질적 변화를 통한 근대화는 달랐습니다. 그들은 산업화 없는 근대화를 꿈꾸었던 것인데, 유감스럽게도 실행에 옮겨지지 못했습니다. 실행 주체가 미약했기 때문이지요. 어쨌든 바로 그런 동학의 전통 위에서 의암 손병희는 20세기 초에 인간이 나아갈 길을 간단명료하게 정리했습니다. '인내천'이라고 했지요. 사람이 곧 하늘인 세상이 와야 한다는 것이었어요.

엄밀한 의미로, 손병희 대에 이르러 동학의 사상적 규모는 도리어 위축된 점이 없지 않았어요. 저는 그렇게 생각합니다. 최시형이 마음껏 확장한 하늘의 개념이 하필 인간으로 축소되었으니까 드리는 말씀입니다. 물론 손병희로서는 변명이 없지 않을 것입니다. 관계의 핵심이 인간 문제라서 그렇게 표현했을 뿐, 최시형의 가르침에서 한 치도 벗어나지 않았다고 말입니다. 그 말이 결코 틀리지 않을 것이라고 생각하면서도, 명시적 표현이 갖는 무게를 마냥 무시할 수 없을 것 같아요. 그래서 저는 시간이 흐름에 따라 동학사상이 확대되었다든가 또는 위축되었다고 말하는 것입니다.

한없이 너르고 깊은 동학의 하늘

수운 최제우는 1864년 3월 10일 형장의 이슬로 사라졌습니다. 조선이라는 국가 권력에 의해서 박해를 당한 것이지요. 죄목은 이름만 동학이라 했지 실제로는 '서학 죄인'이나 다름없다는 것이었습니다. 그 당시 말로는 '천주학쟁이'라는 것이었다는데요, 서양 종교를 믿은 죄로 죽인 것입니다. 이는 물론 잘못된 표현이었지요. 최제우는 결코 천주교 신자가 아니었으니까요. 하건마는 조정의 입장에서는 최제우가 가장 중시한 것이 바로 '천주'였지 않아요. 천주라고 하는 존재를 독실히 신앙의 대상으로 삼는 교단이 바로 천주교였고요. 즉, 조정에서 가장 위험시하는 서양 종교에서 '천주'를 신앙의 대상으로 삼았는데, 최제우 역시 '천주' 곧 하느님을 섬긴다고 하니 이게 문제였지요.

최제우는 자신이 믿는 도(道)가 '천도(天道)'요. 자기의 공부는 서학이 아니라 '동학(東學)'이라고 천명했건만. 관헌은 그런 말을 모조리 묵살했습니다. "아니야, 아니야. 네가 뭐라고 얘기하든 너는 천주학쟁이야. 너는 아주 나쁜 놈이지. 너는 서양 오랑캐의 앞잡이야!" 그렇게 해서 최제우는 죽임을 당했던 겁니다.

그런데요, 민간에 전해지는 설화를 구해서 읽어보면 최제우의 죽음에 관해 전혀 다른 이야기가 보여요. 그 이야기를 알아보면 대강 이랬더랍니다.

포졸들이 최제우를 잡아들였대요. 그를 오랏줄로 꽁꽁 묶어서 말에 묶었어요. 짐짝처럼 말 잔등에 겨우 실었다는 거지요. 하지만 말이 한 걸음도 못 가는 거예요. 서울로 가야 하는데 말의 발바닥이 땅에 찰싹 달라붙어서 떨어지지를 않아요. 최제우의 도술이 워낙 세서 그랬답니다. 포졸들이 아무리 말에게 매질을 해도 말이 걸음을 떼지 못하니 어쩌겠어요. 고생고생하다가 겨우 문경새재까지 어떻게 올라가기는 했답니다. 그러나 서울까지는 절대로 못 올라갔답니다. 전설이 그렇지마는 실제로는 서울까지 압송되었다고 합니다.

그 전설을 더 들어보세요. 문경새재쯤 올라갔을 때 서울에서 모든 죄인을 풀어주라는 사면령이 내렸답니다. "죄인을 데려오지 마라. 풀어줘라" 이랬다는 거지요. 그랬다가 얼마 뒤에 또다시 체포령이 내렸다고 해요. 그리고 반드시 목을 베어 죽이라는 명령이 위에서 내려왔대요. 그래서 대구감영에서 최제우의 목을 베려고 칼을 뽑아 그 목을 치면, 최제우의 목은 멀쩡하고 칼만 부러지더랍니다. 설화가 그렇습니다. 물론 역사적 사실하고는 거리가 있는 말입니다.

서울에서 내려온 금부도사가 초조했다지요. 왕의 명령을 어떻게해서든지 집행해야 되는데 방법이 없어서 최제우에게 싹싹 빌었답니다. "최 선생님, 제발 좀 죽어주시오. 내가 당신을 못 죽이면 도리어 내가 죽어야 할 판이라오. 당신이 나를 불쌍하게 여겨서 좀 죽어주시오."

그러자 최제우가 대답하는 말이, "음, 그렇게 하자. 내가 널 불쌍하게 여긴 나머지 그럼 죽어주기로 하마. 내 겨드랑이를 열어보면 거기에 비늘이 세 장 붙어 있을 것이다. 그 비늘을 다 떼고 나서 칼질을 하거라. 그래야 내 목이 칼을 받을 것이다". 과연 그 말대로 겨드랑이 밑에 반짝이는 비늘이 있더랍니다. 그래서 비늘을 다 떼었대요. 잉어 같은 생선에 붙어 있는 것이 비늘이잖아요. 포졸들이 최제우의 비늘을 떼고는 목을 쳤더니 그제야 목이 떨어지더랍니다. 그래서 사람들은 다 수군거리기를 최제우는 명이 다해서 죽은 것이 아니다. 남을 불쌍히 여겨서 죽어준 것이다. 그런 말을 서로 전했다고 합니다.

이게 '구전 설화'지요. 구전이라고 하는 것은 입에서 입으로 전해진 것인데, 여러분은 이런 이야기를 듣고 나면 무슨 생각이 듭니까? 구전은 거짓인가요, 아니면 진실인가요?

반반이라고 생각합니다, 저는요. 『성경』에는 예수가 십자가에서 못 박혀 죽은 다음, 사흘 만에 부활했다고 합니다. 나중에는 산 채로 하늘로 올라갔다고도 하지요. 기독교인들에게는 이런 이야기가 어김없는 종교적 진실입니다. 기독교인이 아닌 사람들로서는 납득하기 어려운 일이겠지요. 최제우의 죽음에 대해서도 비슷한 말을 할 수 있을 것입니다. 그는 과연 죽어준 걸까요, 아니면 죽임을 당한 걸까요? 사람들의 생각으로는 무력하게 죽임을 당한 것이었습니다. 그러나 동학교도의 눈으로 보면 얼마든지 달라질 수가 있어요. 종교적 진실이라는 것은 역사적 사실과 일치하지 않을 수도 있는 것입니다.

그럼 역사적 사실이 아닌데도 종교적 진실이 된다는 말입니까? 여러분은 제게 그런 질문을 하고 싶을지도 모르겠습니다. 참으로 대답하기 어려운 문제인데요. 제 생각은 이렇습니다. 종교적 진실이란 대개 마음에서 마음으로 전해지는 것으로, 대개는 눈이나 귀 같은 오관으로 확인하기 어려운 것이랍니다. 눈으로는 볼 수 없어도 마음으로 느낄 수 있는 경우가 있습니다. 그럴 때 어느 것이 더 소중한 것입니까? 사람마다 차이는 있겠으나, 눈으로 확인하는 것보다 마음으로 절실하게 느끼는 것이 더 우선일 때가 분명히 있습니다.

종교적 진실 가운데는 역사적 사실로써 입증된 것이 아니면서도 사실보다는 훨씬 더 중요한 인간의 의지와 소망이 서린 것이 많아요. 거기에 인간의 희망과 신념이 오롯이 담겨 있다면 어떻겠습니까? 함부로 무시하기 어려운 일이 되고 맙니다. 최제우가 허망하게 죽어서는 안 된다는 믿음이 최제우를 따르는 많은 제자들의 심정이었을 것입니다. 예수가 허무하게 흙속에서 썩지 않기를 바랐던 것도 그를 충심으로 섬기던 많은 제자들의 뜻이었을 거라고 짐작합니다. 이런 염원이 강렬하면 죽은 최제우도 죽지 않을 수 있습니다. 다른 종교의 경우에도 다를 바가 없습니다. 누군가의 마음속에 뚜렷이 살아 있으면 그것이 참으로 살아 있는 것이지요. 어떤 사람이 죽어서 정말 한 줌의 흙이 되었는가, 그 여부를 따지는 것은 오히려 사소한 일입니다.

훗날의 일입니다만, 1980년 5월 18일에 광주에서 민주항쟁이 일어났습니다. 광주민주화운동이었지요. 이 운동은 성공했습니까, 아니면 실패했습니까? 우리가 만약에 실패와 성공을 당대의 짧은 며칠에 한정하여 평가한다면, 그때 그 운동은 명백히 실패로 끝났다고 봐야지요. 제가 가장 사랑하는 가수 정태춘의 노래를 들어보면 어땠습니까? 그날 광주의 높은 건물 옥상에는 진압군이 있었잖아요. 저격수도 있었잖습니까? 그들이 사람들을 다 쏴 죽였잖아요. 탱크로 시민들을 무참히도 뭉개버렸잖아요. 그럼 광주 시민들은 지고 만 것이 아닙니까?

그런데 오월에 광주 시민들이 진압군에게, 아니 압제자에게 지고 말았다고 생각하는 사람은 거의 없습니다. 그럼 실제로는 군인이

진 것입니까? 대답이 쉽지 않습니다. 그날 그 자리에서는 시민들이 진압되었지요. 그것이 역사적 사실입니다. 하지만 그들이 품었던 민주화를 향한 의지와 열망은 1980년대의 대학가를 계속적으로 달구었습니다. 바로 그런 학생운동의 힘으로 결국에는 36년 동안 계속되어온 군사독재의 길고 완강한 흐름이 끝났습니다. 결국에는 민주화운동 세력이 압제자들을 물리치게 되었다는 말씀입니다.

마찬가지였습니다. 1864년 꽃피는 봄에 최제우가 목이 잘린 채 죽었느냐, 안 죽었느냐하는 문제도 결국 같은 거예요. 최제우의 삶을 하나의 생물학적 개체로서만 본다면 그는 그날 댕강 목이 잘린 채 인생의 종지부를 찍었다고 봐야지요. 그러나 그것이 별로 중요할 리가 없습니다. 최제우라는 위대한 스승이 사후에도 많은 사람들의 가슴속에 찬란한 빛으로 살아남아 있었기 때문입니다. 요컨대 예수가 부활했다고 하는 것도 엄연한 종교적 진실이고, 최제우가 금부도사를 불쌍히 여겨 죽어주었다고 하는 전설도 또한 종교적 진실입니다. 같은 이치로, 최제우가 하느님을 만났다고 하는 것도 종교적 진실이요, 하느님의 편지를 받았다는 것도 마찬가지인 것입니다. 종교적 진실이라고 하는 것은 세상적 차원의 사실과는 비교할 수가 없는 거죠.

세상 차원의 얘기가 아니라, 종교 차원에서 하느님의 얘기를 처음으로 꺼낸 것은 물론 최제우가 아니었어요. 지식의 계보학이란 입장에서 말해봅시다. 까마득한 옛날부터 한국인들은 하늘과 소통하길 바랐어요. 그들은 늘 하늘과 소통했다고 믿고 있었지요. 당연히 지극한 정성만 갖추면 언제라도 하늘과 소통할 수 있다고 믿었던 것도 사실입니다. 하늘과의 소통이 문자로 처음 명시된 것은 언제일까요? 최제우의 지식으로 보면 유교의 경전인 사서삼경이었습니다.

유교, 특히 조선시대의 유교는 성리학이었고요, 성리학자들에게 가장 소중한 것은 한마디로 말해, '천명(天命)'에 부합하는 삶이었어요. 천명을 따라 살 수 있으면 최상이었던 거지요. 천명은 문자 그대로 하늘이 인간에게 명령을 내린다는 것인데요, 냄새도 없고 색깔도 없으며 형체도 없는 하늘이 어떻게 뜻을 표현한다는 말인가요? 납득하기 쉬운 일이 결코 아닙니다.

성리학자 집안에서 자란 최제우는 청소년 시절에 이미 성리학의 근본 경전인 『중용』을 배웠겠지요. 의심할 여지도 없어요. 바로 그 책에서는, '천명지위성(天命之謂性)'이라고 했어요. 하늘의 명령을 우리는 '성' 또는 본성이라 한다는 말입니다. 바꾸어 말하면, 인간의 본성은 하늘이 주신 것이라는 뜻이지요. 하늘이 주신 본성의 특징을 일찍이 맹자는 열심히 연구했습니다. 그런 끝에 '성선(性善)'이라고 결론지었습니다, 어찌 보면 당연한 귀결입니다. 하늘이 주신 인간의 본성이 지극히 선하다는 것이지요.

따라서 이 세상을 어떻게 해야 제대로 운영할 수 있겠습니까? 이 점 역시 최제우는 어린 시절 집에서 아버지로부터 배운 『대학』에서 답을 발견했을 테지요. 큰 공부의 길은 '명명덕(明明德)' 하고 '신민(新民)' 또는 '친민(親民)' 하고, '지선(至善)' 하는 것이지요. 이게 무슨 말인가 살펴보겠습니다. 밝은 덕을 밝히고, 백성 한 사람 한 사람을 다 깨어나게 만들어 세상을 새롭게 하거나, 그런 백성들과 함께 친하게 지내야 합니다. 뿐만 아니라, 지극히 선한 단계에 도달하는 것이 옳다고 보았어요. 요컨대, 나라는 한 개체의 각성이 집단의 각성으로, 그리고 집단의 각성이 새로운 공동체의 탄생으로 가는 것이 큰 공부의 목표라는 이야기입니다.

최제우는 성리학의 정수를 아버지 근암 최옥(崔鋈)으로부터 차근차근 배웠어요. 최옥은 학문과 문장에 뛰어난 선비로『근암집』(6권 3책)이란 저술을 남길 정도였지요. 시골의 대학자였던 겁니다. 아버지로부터 습득한 성리학적 지식을 바탕으로 최제우는 하늘의 의미를 터득했다고 봅니다. 그는 하늘이라고 하는 것이 더없이 소중한 것, 인간의 삶에 근본적인 변화를 가져올 수 있는 요인이라고 깨달은 것이었어요.

최제우가 아버지에게서 배운 여러 권의 유교 경전들, 가령『대학』『논어』『맹자』그리고『중용』은 하필 최제우 부자만 배우고 가르친 책이었던가요? 아니었지요. 이미 수백 년 동안 많은 사람들이 읽고 외운 책들이에요. 다들 그렇게 가르쳐왔고, 그런 지식을 가지고 있었어요. 그러나 중요한 차이가 있었지요. 다른 사람들은 그런 책에 나오는 하늘과 인간의 관계에 대하여, '좋은 말씀이다' 하고 그냥 넘긴 거였죠.

그러나 최제우는 달랐습니다. "이 가르침이 나의 문제, 우리 시대의 문제, 우리 인간의 문제, 세상 만물의 문제를 해결"할 수 있는 해결책이라고 보았던 것입니다. 여기에 본질적인 차이가 있었던 겁니다. 싹은 이미 다 있었어요! 그러나 누구도 발견하지 못했을 뿐입니다. 여러분은 아마 콜럼버스의 달걀 이야기를 아실 겁니다. "달걀을 세워봐라!" 아무도 세울 줄 모르지요. 그러나 콜럼버스는 달걀 한쪽 모서리를 딱 쳐서 귀퉁이를 뭉툭하게 만들고는 세웁니다. "에이, 그거 누가 못 해." 마찬가지 일이 아니겠어요? 유교의 가르침 속에 이미 동학의 하늘이 다 들어 있었어요. 하지만 그렇게 진지하고도 새롭게 생각한 사람이 없었던 것입니다.

최제우는 그럼 어떻게 그런 신통한 생각을 하게 됐을까요? 이 점이 우리의 고민거리가 되는 것인데요, 저는 이렇게 말하고 싶어요. 최제우에게 큰 자극을 줬던 것은 '서학'이라고 말입니다. 천주교, 즉 기독교의 역할을 무시하기 어렵다고 봐요. "왜 저 사람들은 천주를 믿을까? 왜 저 사람들은 천주에게 기도를 할까? 왜 저 사람들은 천주로부터 문제를 해결하려고 할까?" 이런 문제들을 최제우는 깊이 고민했음이 분명합니다. 최제우는 깊은 생각에 빠졌고, 그 결과 천주라고 하는 것이 본래 서양에만 있는 것이 아니라는 깨달음에 도달한 거죠. "천주는 이미 우리 안에 있었던 것이다. 우리에게는 천명이 있었다. 우리에게는 하늘의 상제(上帝)가 계신다. 우리에게 하늘님이 이미 계셨잖아." 그는 이렇게 생각했던 겁니다.

서양의 종교인 서학을 최제우는 자기 나름으로 탐구해봤습니다. 그리하여 서양의 종교에 근본적인 약점이 있다고 확신했어요. 최제우의 관점에서 보면 그것은 바람직한 종교가 못된다고 판단했어요.

이유가 궁금하실 것입니다. 이런 주장은 『동경대전(東經大全)』에 다 나와 있는 것입니다. 한마디로, 서양의 종교인 서학에는 "안으로 신령(神靈)이 없고 밖으로 기화(氣化)가 없다"는 것이었습니다.

아, 이게 무슨 말입니까? 안으로 신령이 없다고 했는데, 신령이 무엇인가요? 신령이란 기독교적 개념으로 말한다면 '영성'이라고 할 수 있을 텐데요. 더욱 친절하게 말해, 천주교를 열심히 믿어도 하느님과 소통한다는 증거가 보이지 않는다는 것입니다. 최제우는 그렇게 판단했어요. 아마 천주교 신자들이 보기에는 최제우가 잘못 본 것이었겠지요.

그럼 밖으로 기화가 없다는 것은 무슨 뜻일까요? 변화가 없다는 뜻입니다. 유교 공부를 한 사람은 누구나 알 텐데요, 변화를 뜻하는 '변(變)'이란 글자는 약간 변화하는 것을 가리켜요. 작은 변화가 변인 것이지요. 아주 큰 변화를 '화(化)'라고 합니다. 그럼 기화라고 하는 것은 무슨 변화겠어요? 이것은 변화의 이유를 우리가 잘 설명할 수 없는 엄청난 변화입니다. 요컨대 최제우가 서학을 믿는 사람들을 자세히 관찰해본 결과인데요. 최제우가 잘못된 판단을 내렸다고 볼 수도 있겠지만 말이에요. 최제우는 그렇게 확신한 거예요.

천주교 신자가 어떻게 살고 있는가를 최제우가 검토해봤더니, 그들에게는 영성이 부족하더라는 것이 첫째 약점이라는 거죠. 두 번째로는, 그들이 기도도 많이 하고 교리서도 열심히 읽는지 몰라도 그 사람들의 사고와 행동, 즉 인격에 혁신적인 변화가 보이지 않더라는 겁니다. 그래서 최제우는 서학이 많이 부족한 종교라고 확신한 거였어요. 물론 그의 주관적인 평가입니다.

참 종교가 되려면 바로 이상에서 말한 두 가지 요건을 갖춰야 된다. "신령스러움이 있어야 되고, 기화가 있어야 된다", 이러한 종교적 깨달음을 가지고 최제우는 주문이라는 것의 중요성에 착안했어요. 스물한 자의 '시천주'가 탄생한 배경이 그것이에요. 역시 『동경대전』에 다 나와 있는 설명입니다.

하느님과 교통을 한 다음에 최제우는 하느님의 가르침을 어떻게 하면 사람들에게 효과적으로 전달할 수 있을까를 생각했지요. 그 결과 시천주의 주문을 만들었던 것이죠. 앞에서 말한 대로 그 주문의 핵심이 되는 것이 열세 자였어요. '시천주 조화정 영세불망 만사지'라고 했어요. 이 주문을 가만히 앉아서 열심히 외우고 있으면 마음의 문이 열린다, 신령스런 체험을 하게 된다, 그런 내적 체험을 많이 쌓으면 그 사람의 인격 자체가 근본적으로 달라진다는 것입니다.

다른 사람에게 시험할 필요도 없이 최제우는 자기 자신에게서 그러한 변화가 일어나는 것을 스스로 목격했어요. 제자들에게 시험 삼아 해보았더니 제자들에게도 똑같은 변화가 나타났던 거고요. 그래서 이것이 참된 길이라고 생각을 했던 겁니다.

동학에서 말하는 하늘은 유교를 비롯한 동양 고전은 물론 서학과도 뿌리가 닿아 있었어요. 그것은 하나의 관념에 그치는 것이 아니고 종교적 체험을 통해 확립된, 낡았으나 완전히 새로운 개념이었어요.

앞의 설명에서 서학 곧 천주교가 잠깐 등장하긴 했지요. 최제우
는 왜 자꾸만 서양을 의식한 걸까요? 서양을 왜 비교의 대상으로
삼은 걸까요? 피할 수 없는 이유가 있었다고 봅니다. 이 문제 역시
『동경대전』에 잘 나와 있어요. 동학을 연구하는 분들은 누구나 다
알고 있는 사실이지요. 저는 그 점을 특별히 강조해야 한다고 생각
해요. 그래서 간단하게나마 아래에서 설명하려고 합니다.

최제우는 19세기 후반 동아시아에 일어난 엄청난 정치적 재앙을
언급했습니다. 사실 1860년에 큰 재앙이 있었습니다. 바로 제2차
중영전쟁이었습니다. 1839년에 시작해 1842년에 끝난 제1차 중영
전쟁은 이미 1840년대 초반의 일이고요. 제2차 중영전쟁은 1856년
에 일어나서 4년 뒤에 끝났습니다. 이것이 바로 여러분이 학교에서
배운 '아편전쟁'이었어요.

아편전쟁으로 중국은 영국을 비롯한 서구 열강의 반(半)식민지
상태가 되고 말았어요. 조선의 입장에서는 오랫동안 세계의 최강
국이요, 최대의 문명국가라고 의심하지 않았던 중국이 영국에게
무참히 패배한 사건입니다. 1860년에는 영국과 프랑스의 함대가
사실상 베이징의 코앞까지 진격하는 사태가 벌어졌어요. 톈진(天
津)까지 빼앗긴 청나라는 침략군에게 어마어마한 배상금을 물어
주었습니다. 중국 전체가 서양 세력에게 끔찍한 굴욕을 당한 사건
이었습니다.

중국에서 이런 충격적인 사건이 일어나자 조선은 촉각을 곤두세웠어요. 시시각각으로 어떤 변화가 일어나고 있는지를 살폈습니다. 그 당시 조선과 청나라 사이를 한 해에도 두어 차례씩 사신이 오갔습니다. 조선에서는 중국이 움직이는 모습을 자세히 관찰하고 있었습니다. 아편전쟁으로 놀란 것은 중국만이 아니었다는 말씀이지요. 일본도, 조선도 다 깜짝 놀랐습니다.

충격이 얼마나 심했던지 1860년에는 서울에서도 피난민이 발생했답니다. 무슨 피난민이냐고요? 서양 세력이 우리나라에 쳐들어올까 봐 서울을 황급히 떠나가는 그런 피난민의 행렬이 이어졌대요. 서양에 대한 두려움이 얼마나 컸는지, 중국의 패망에 관한 소식이 얼마나 충격적이었는지를 미루어 짐작할 수 있지 않습니까? 이러한 두려움이 사실 근거 없이 생긴 것은 결코 아니었어요.

1830년대부터 우리나라 남해안과 서해안에는 서양의 대형 선박들이 빈번하게 출현했습니다. 서양의 시커먼 증기선들이 출몰할 때 이를 목격한 조선 어부들은 깊은 충격을 받았습니다. 낯선 배들이 나타나기 시작한 것은 물론 오래전이었어요. 18세기에도 이른바 '이양선(異樣船)', 그러니까 우리 배와 모양이 다른 배들이 가끔씩 목격되었어요. 그러나 19세기의 증기선은 과거의 배들과는 수준이 다른 것이었습니다. 그 배들은 더욱 규모가 컸고 빨랐으며 무장도 전과는 비교할 수 없는 수준이었어요. 이양선이 불러일으키는 공포심은 나날이 증폭되었어요.

게다가 또 다른 흉흉한 일들이 벌어졌어요. 이미 18세기 말부터 서서히 밀어닥친 또 다른 공포의 물결이 있었어요. 정체를 알 수 없는 새로운 전염병이 퍼지기 시작했다는 말씀이지요. 전국의 소들이 구제역에 걸려 쓰러진 거였어요. 구제역은 러시아를 통해서 들어온 거예요. 인간이 농경을 시작하면서부터는 정착사회를 이루어 한 곳에 붙박이로 살아온 거잖아요. 말하자면 토착화된 거란 말이죠. 그래서 면역 체계에도 한계가 있기 마련이었어요. 갑자기 외부로부터 들어온 낯선 질병에 취약하다는 말씀입니다. 그런데요, 서양 세력이 팽창하여 지구 곳곳으로 침투하기 시작했습니다. 멀리 16세기 대항해시대부터 생긴 일입니다. 서양 사람들이 자신들의 고국을 떠나 세계 각지로 퍼져감에 따라 새로운 질병이 지구 전체로 확대되었습니다. 큰 재앙이었습니다. 가령 18세기 말 조선에 구제역이 퍼져서 전국이 공포에 빠졌어요. 이것도 알고 보면, 러시아가 세력을 확장하여 연해주 지역을 차지했기 때문에 일어난 것입니다.

갑작스런 인구 이동으로 전염병의 습격을 가장 먼저 겪은 것은 남아메리카였어요. 16세기의 일이었지요. 그곳에는 본래 수천만 명을 헤아리는 원주민이 살았습니다. 그런데 스페인 원정대가 들어온 뒤로 불과 수십 년 만에 없어졌습니다. 원주민이 거의 멸종되었어요. 여러 가지 이유가 있었지만 가장 치명적인 것은 유럽인들이 자신도 모르게 들여온 각종 전염병균 때문이었어요.

알다시피 아메리카 대륙에서는 가축이란 존재가 없었단 말이에요. 유럽과 아시아에서는 오래전부터 가축을 키웠고, 때문에 가축으로부터 많은 질병이 생겼어요. 가령 지금도 법정 전염병으로 지정되어 있는 폐결핵, 성홍열, 티푸스 등은 본래 가축의 질병이었어요. 오랜 세월이 흐르는 동안 유라시아의 인류는 이러한 질병에 대처할 면역체를 다소나마 몸에 가지게 되었어요. 그러나 아메리카 원주민들은 그렇지 못했어요. 때문에 유럽인들이 아메리카에 진출하자 아메리카 사람들은 속수무책으로 쓰러지고 말았어요. 이렇듯, 인구의 이동은 질병의 전염이란 관점에서 볼 때 대단히 위험한 일입니다.

같은 이치로, 18~19세기 서양 사람들이 동아시아 곳곳에 본격적으로 진출하자 여태껏 보지도 듣지도 못한 새로운 질병들이 많은 나타났어요. 중국에도 신종 전염병으로 죽은 사람이 많았어요. 일본에도, 한국에도, 그 밖의 아시아 여러 나라에도 전염병의 쓰나미가 닥쳤습니다. 아시아 사람들은 그런 전염병들로부터 스스로를 방어할 능력이 당시로서는 사실상 전혀 없었어요.

외부의 영향으로 전염병이 퍼진 것은 사실 우리가 짐작한 것보다 일찌감치 시작되었어요. 제가 관심을 가지고 우리 역사를 자세히 들여다보았더니, 이미 조선 숙종 때부터 문제가 심각했어요. 조선 숙종 때라면 17세기 후반입니다. 그때 정체불명의 인플루엔자, 즉 독감에 걸려서 죽는 사람이 많았어요. 어느 한 해에는 10만 명 이상이 죽었다고 합니다. 그 독감은 물론 서양 사람들이 가져온 독감이었습니다. 서양 선원들이 보균자였어요. 그들을 통해서 독감이 일본으로, 중국으로 퍼졌고, 조선으로 넘어온 거예요. 우리는 그걸 막을 수가 없었어요.

19세기부터 20세기 초반까지는 또 다른 전염병이 밀물처럼 쏟아져 들어왔어요. 서양 사람들이 가져온 가장 흉악한 전염병은 콜레라였어요. 본래 인도의 풍토병이었다고 하지요. 이 콜레라는 18세기까지도 우리나라에 들어온 적이 전혀 없었거든요. 콜레라라는 것을 전혀 모르고 살았던 것인데, 서양 사람들이 나타나자 이런 병이 퍼진 겁니다.

최제우는 그런 변화를 누구보다도 민감하게 느꼈어요. "아! 이 서양의 기운이 나타나기 시작하니까 온갖 변고가 다 나타나는구나. 없었던 질병이 나타나고, 흉년이 심해지며, 이상한 일들이 많이 생기는구나. 그래서 중국이 거의 멸망 지경에 이르렀구나." 최제우는 이처럼 복합적으로 사태의 심각성을 인식한 것입니다. 한편으로, 그는 서양에 대한 엄청난 두려움을 가졌어요. 그러나 다른 한편으로는, 이런 서양의 침략으로부터 우리 자신을 앞장서 지키지 않으면 안 된다고 하는 일종의 사명감을 가졌어요. 그래서 최제우는 자기 나름으로는 서양에 대해 조사하고 연구를 했던 것입니다. 그 결과 모든 문제를 종합적으로, 궁극적으로 풀어갈 방법을 찾아 나섰던 것이라고 생각합니다.

1840년대 중반부터 최제우는 약 15년에 걸쳐서 정신적 방황을 했습니다. 제2차 중영전쟁이 끝난 1860년까지 말이지요. 그는 각지를 방황하면서 많은 체험을 했고, 여러 가지 전통적 지혜를 탐구했다고 알려져 있습니다. 그리고 마침내 하나의 대책을 강구하여 동학이라는 새로운 가르침을 펴게 되었다는 말씀입니다. 이 모든 활동의 저변에 서구의 충격이 있었어요.

엄청난 서구의 충격이 최제우에게 새 길을 열어놓은 것이라고 할 수 있어요. 그때 충격을 받고 대안을 세우고자 동분서주한 이가 어찌 최제우 한 사람뿐이었겠어요? 움직인 사람은 많았을 테지요. 그중에서 가장 훌륭한 결실을 맺은 이가 바로 최제우였던 것이죠.

그렇게 생각하면 됩니다. 15년 동안의 방황 속에서 최제우는 동서양에 관한 별별 지식과 생각을 가지고 씨름했습니다. 남들이 보기에는 아마 미친 사람처럼 보였을지도 모릅니다. 그러나 그와 같은 길고 어두운 모색의 기간이 있었기에 남다른 해결책을 내놓을 수 있었다고 생각합니다.

융합에도 문화적 맥락이 있다

긴 모색의 기간이 최제우를 융합적 창조로 이끌어갔습니다. 이 강의는 생각의 계보학에 초점을 맞춰 말씀드린다고 했습니다. 최제우의 가슴을 지배한 것은 바로 그가 알게 되었던 모든 지식이 하나의 용광로 속에서 하나로 결합된 것이었어요. 그런 점에서 계보학적 접근이 필요한 부분이지요. 최제우는 전통적인 사상을 기초로 19세기 중후반의 여러 현실적인 문제를 해결하고자 씨름했어요. 그래서 그는 성리학만을 들여다보지도 않았고, 불교만을 들여다보지도 않았고, 도교만을 들여다보지도 않았습니다. 그는 이 세 가지 전통적인 지혜를 다 살펴보았습니다. 물론 자기 수준에서 바라보고, 자기 수준에서 하나의 답을 발견한 것이었습니다.

그가 찾은 해결책이 바로 하늘이었다는 점은 앞에서 말한 바와 같은데요, 하늘의 뜻을 품고 있는 인간이란 존재가 얼마나 고귀한지를 발견한 점에 무엇보다 큰 의미가 있습니다. 하늘의 뜻이 살아 움직이는 그런 존재가 우리들 자신이라는 점을, 최제우가 확신했다는 점이 특별한 것이지요.

여기서 잠깐 최제우의 특별한 인생행로를 잠시 살펴보면 좋겠습니다. 그래야만 그가 이룩한 융합적 창조를 더욱 절실하게 이해할 수 있습니다.

1824년, 순조 24년 최제우는 경주에서 태어나서 1864년 3월 대구감영에서 사형을 당했지요. 불과 41세로 세상을 떠난 것입니다. 그의 사회적 신분은 무엇이었을까요? 이 신분부터 사실 그는 경계인이었어요. 아버지 최옥은 양반이었지만 아들 최제우는 서자였어요. 최제우의 어머니로 말하면 과부가 재가한 거였어요. 쉽게 말해, '보쌈과부'예요. 정식 부인이 된 것이 아니라, 비공식적으로 배우자가 된 셈이에요. 세상에서 말하는 첩이지요. 때문에 최제우는 당당한 양반 학자의 아들로 태어났지만 그 양반 사회에 설 자리가 없었어요.

혈통상으로 보면 최제우가 아들임에도 불구하고, 아버지가 사망하자 최씨 집안사람들은 친척의 아이를 하나 골라서 아버지의 혈맥을 잇도록 했습니다. 최제우는 서자라는 이유로 배제당한 것입니다. 최제우에게는 참으로 뼈아픈 태생적 한계가 있었던 것입니다. 그는 조선 사회에서 경계인으로 살 운명이었던 것입니다. 지식이 있는 경계인이었어요. 제가 지난번 강의에서 힘주어 강조한 평민지식인이었다는 말씀이지요. 최제우는 대단히 똑똑한 평민지식인이었습니다.

그랬기에 그는 누구보다도 사회적인 문제, 개인적인 문제, 세상의 모든 문제들을 훨씬 민감하게 느꼈어요. 모든 문제를 '증폭'해서 바라보았어요. 이러한 관점이 그를 '창조적인 경계인'으로 만드는 힘이 되었다고 생각합니다. 그는 굳이 기성의 사회제도를 옹호하고 강변할 필요도, 이유도 없었거든요. 무릇 경계인이란 변화의 시대에 중요한 역할을 할 때가 많습니다.

역사상의 성공적인 지식인들은 스스로를 주류가 아니라 경계에 세웠어요. 공자도 예수도 소크라테스도 모두 그러했어요. 예수가 만약에 대사제의 아들로 태어났으면 오늘날 우리가 아는 위대한 예수가 될 수 없었을 것입니다. 로마제국으로부터 핍박받는 유대 땅에서, 그것도 머나먼 변경 갈릴레이 사람이었기에, 거기서도 내세울 것이 조금도 없는 한낱 목수의 아들로 태어났잖아요. 그랬으니, 예수가 당대의 문제를 얼마나 예민한 눈으로 바라보았을 것이며, 모든 일이 그의 눈에 비쳐지면 얼마나 확대되었겠어요.

부처도 다르지 않았어요. 여러분들은 석가모니를 카필라왕국의 세자쯤으로 알고 있지만 사실은 전혀 달랐어요. 인간 석가모니는 가난하고 작은 공화국 카필라의 읍장쯤 되는 사람의 아들이었어요. 요즘 말로 하면 그 나라에는 왕이 없었고요, 선거로 대표를 뽑는 풍습이 있었어요. 요컨대, 석가모니의 아버지는 언제까지나 촌장을 할 수 있는 여건이 아니었어요. 그런 데다가 석가모니가 태어나고 나서 바로 어머니가 돌아가셨잖아요. 갓난아이 석가모니에게는 얼마나 어려운 형편이었겠습니까? 그래서 그는 이모의 품에서 자랐던 것입니다. 석가모니가 일찌감치 생로병사의 문제에 관심을 갖게 되는 것은 일견 당연한 일이었어요. 경계인이라는 것은 그런 점에서 매우 중요하지요. 제가 지금 화제로 삼는 최제우 역시 바로 그런 경계인이었어요. 그런 때문에 그는 자기 개인의 문제뿐만 아니라, 한 시대의 문제, 이 세상의 문제를 끌어안고 그처럼 정열적으로 고심했던 것입니다.

그는 지적인 요구 수준이 높았고, 누구보다 영리했으며, 매우 민감한 정서의 소유자였어요. 그런 사람이었으므로, 최제우는 동아시아의 지적 전통을 비판적으로 검토했고, 그런 작업 속에서 에센스를 찾아낸 거였어요. 『동경대전』에 압축적으로 표현된 한 구절이 생각납니다.

"이제 유교도 운이 다했다. 불교의 운도 다되었다. 도교의 운도 지나갔다. 이제는 5만 년 무극지도(無極之道)가 열릴 때다." 이렇게 말했어요. '무극지도'란 끝없이 훌륭한 새로운 가르침이란 뜻이지요. 새로운 가르침인 동학이 세상을 바꿀 것인데, 그 운수는 '5만 년 대운'이라고 했거든요.

석가모니도, 공자도, 누구도 최제우처럼 이렇게 과감하게 새로운 시대를 선포한 사람은 없었던 것 같아요. 만약에 그런 이가 있었다면 예수가 가장 비슷했죠. 광야에서 40일을 보낸 다음에 예수가 뭐라고 말했습니까? "하늘나라가 가까이 왔다. 회개하라!" 이렇게 말했잖아요. 새날이 밝아오고 있으니, 준비를 하자는 외침이었어요. 최제우가 말한 '5만 년 대운'이 바로 그와 같은 느낌으로 다가옵니다.

다만 맥락이 다르지요. 최제우는 한국적 맥락을 강조한 것입니다. 우리 사회의 종교적 전통을 살펴보면 '회개'가 중심 사상은 아닙니다. 기독교에서는 '회개'라고 하여 절대자 앞에 자신의 죄를 고백하도록 했습니다. 그런데 유교 사회에서 자라난 관계로, 최제우는 '회개'라는 개념을 잘 몰랐습니다. 뜻으로 보면 결국 최제우나 최시형에게도 일종의 회개라고 볼 수는 있을 것입니다만, 표현 방식은 아주 거리가 멀었어요.

우리 사회에서는 유교적 맥락이 중요했던 만큼, 동학에서는 '경(敬)', 공경을 강조했습니다. 특히 세 가지를 공경하라고 했지요. 하늘(경천)과 사람(경인)과 그리고 만물을 공경하라(경물)는 것이었어요. 만물이라면 땅 위에 존재하는 모든 것들이죠. 한마디로, 눈에 보이는 것과 보이지 않는 모든 존재를 다 하늘로 여기라고 하는 가르침이었어요. 이 모두를 지극히 귀하게 여기라고 하는 말이 최제우의 후계자인 최시형의 입에서 나왔어요. 삼경이야말로 누구라도 군자가 될 수 있는 실천의 덕목이었어요.

훗날 동학의 이러한 가르침은 여러 신종교들에게 그대로 계승되었습니다. 제가 공부한 바로는 지금의 천도교만이 동학은 아닙니다. 천도교라는 교단이 동학의 흐름을 물려받은 것은 사실이지만, 다른 신종교들도 동학의 뿌리에서 나온 것입니다. 대표적인 것이 곧 증산교였습니다. 1920년대에 일어선 원불교도 동학의 정신을 이어받았습니다. 요컨대 원불교나 증산교나 동학은, 제가 이해하기로는 얼굴이 셋이지만 몸이 하나인 셈입니다.

한데 증산교와 원불교에 이르면 최제우가 본래 가졌던 사상 중에서 한 가지가 더욱 강조되었습니다. 이것이 곧 불성(佛性)이었습니다. 동학에서는 불교의 미륵신앙이 그다지 크게 부각되지 않았습니다. 최제우는 유불선을 통합하여 새로운 가르침을 만들었으나, 지나칠 정도로 성리학에 기울었다는 비판도 제기되곤 합니다.

이해가 되는 일이었어요. 최제우는 대단한 성리학자의 아들이기도 했거니와 그가 주로 활동한 지역이 경상도였기 때문이지요. 경상도는 전통시대에 '추로지향(鄒魯之鄉)', 곧 공자와 맹자의 고향이라 불릴 정도였어요. 경상도는 한국 성리학의 중심 지역이라는 뜻으로 읽혀요. 이와 같은 역사적 배경으로 말미암아 최제우는 전통 사상을 융합할 때 아무래도 성리학을 중심으로 해서 불교와 도교를 수용하는 것이 마땅한 일이었어요. 실제로 『동경대전』과 『용담유사』에 등장하는 주요 용어는 모두 성리학에서 사용하는 것이었습니다.

그에 비해 증산교와 원불교가 인기를 끌었던 지역이 전라도였어요. 전라도는 평민들의 활동이 다른 지방에 비하여 활발한 편이었어요. 일찍부터 두레와 계가 유난히 발달한 지역이거든요. 그곳의 평민들은 미륵신앙으로 대표되는 불교에 큰 매력을 느꼈어요. 그래서 증산교와 원불교는 그 무엇보다도 불교적인 요인, 특별히 미륵신앙적의 요소를 대단히 강조하는 경향을 보였어요. 하나의 융합적인 사상이 등장하는 데도 역사 문화적 맥락이 크게 작용한 셈입니다.

그럼 여러분은 제게 한 가지 질문을 던지고 싶은 충동을 느낄지도 모르겠습니다. "최제우한테는 미륵신앙적 요소가 전혀 없었습니까?" 물론 그런 요소가 있었습니다. 두 가지 점에서 그렇게 생각합니다. 하나는 최제우가 선포한 것이 결국 '개벽'이라는 점입니다. 이것은 유교에도 있고, 도교에도 있는 사상입니다만, 개벽이 가장 본격적으로 표현된 것은 미륵신앙이라는 점을 강조할 필요가 있어요.

또 다른 증거가 있습니다. 동학의 경전에는 명시적인 표현이 보이지 않으나, 최제우가 생전에 미륵보살과 자신의 관련성을 강조한 적이 있었다고 판단됩니다. 최제우가 세상을 떠나자 일부 제자들은 '미륵종'이라는 소수파 종단을 만들었습니다. 그들은 머리를 깎고 스님이 되어버렸어요. 최제우의 사상에 미륵신앙적인 요소가 제법 강했다는 점은 짐작하고 남음이 있습니다. 미륵신앙이야말로 한국의 전통사상 가운데서 아주 중요한 부분이라는 점은 두말할 나위가 없습니다.

내친김에 미륵신앙 이야기를 조금 더 보태겠습니다. 이야기는 개벽과 직접 관련이 있습니다. 전에도 말씀드렸지요, 개벽이라고 하는 것은 크게 열린다는 뜻입니다. 크게 열렸다는 것의 핵심이 무엇인가요? 모든 관계가 질적으로 전환한다는 것입니다. 지금까지 차별하고, 못살게 굴고, 빼앗고, 억누르고, 죽이고, 원망하고 한 것을 다 풀어낸다는 말이지요. 증산교에서 그에 관한 말을 멋지게 잘 했어요. 그들이 쓰는 말로 하면 '해원상생(解冤相生)'이라고 해요. 서로 원망을 풀고 서로서로 도와서 산다는 것입니다.

그와는 유가 다른 표현이었지만, 1894년에 갑오동학농민운동 때도 똑같은 취지로 '유무상자(有無相資)'라고 했거든요. 가진 사람[有]과 가지지 못한 사람[無]이 서로서로[相] 도우며 산다[資]는 것이었어요. 이것이 바로 상생의 참모습이죠. 상생을 한다는 것은 가진 사람과 가지지 못한 사람의 차이를 인위적으로 없애는 것이 아닙니다. 그 차이를 존중하되 기능적으로 보완함으로써 모두가 살 길을 마련하는 것입니다. 그런 실천적 운동이 1894년에 일어난 동학농민운동에 벌써 나타나고 있었다는 말씀이지요.

이런 정신이 뒷날 사실상 증산교를 이어받은 원불교에 가면 또 다른 표현으로 바뀝니다. '재생의세(濟生醫世)'라고 했어요. 만물[生]을 죽음의 위기에서 건져주고[濟] 세상[世]을 치료한다[醫]는 것이지요. 모든 생명체가 안식을 찾고 세상의 잘못된 제도와 관습이 평화와 공존공영의 질서를 회복한다는 뜻이니, 이 얼마나 아름답습니까.

이 모든 것이 실은 한 가지 맥락으로 수습되는 것입니다. 우리의 옛 스승님들이 장하지 않습니까. 이런 가르침이 최제우와 최시형으로부터 유래했습니다. 그리하여 1894년의 동학농민운동 때 농민들은 두 가지 기치를 높이 치켜들었습니다. 하나는 '제폭구민(除暴救民)'이었지요. 포악한 정치와 포악한 지배층의 잘못을 없애고[除暴], 그 위기로부터 백성들을 구해낸다[救民]는 것이지요. 또 한 가지 구호는 여러분이 익히 잘 아는 것인데요, '보국안민(輔國安民)'이라고 했죠. 기울어져가는 나라의 운명을 도와서 바로 세우고[輔國] 백성들의 삶을 편안하게 한다[安民]는 거예요.

그것이 곧 지상천국이죠. 이상적인 세계입니다. 우리 역사의 특징은 이상세계를 죽은 다음에 혼자 찾아가는 곳으로 믿기보다 바로 우리가 사는 현세를 바꾸어서 최고의 복지사회로 만들고자 한 점이었어요.

조선후기에 혜성처럼 등장하여 조선 사회를 뒤흔든 『정감록』의 밑바탕에도 그런 갈망이 깔려 있었어요. 정치적 예언서에 이따금 등장하는 '진인(眞人)'이란 존재가 증명합니다. 조선시대의 각종 기록에는 '해도진인(海島眞人)'이라 하여, 바다 한가운데 어느 섬에서 진인이 나타나서 어지러운 세상을 평정하고 백성을 도탄에서 구원한다고 했어요. 진인이 나타나서 세상의 질서를 정의롭게 재편할 기회를 만든다는 멋진 생각이 바로 한국적 유토피아의 특징이었어요. 이런 상상력은 중국이나 일본은 물론이고 서양에서도 보기 힘든 조선만의 독특한 이상이었어요.

동학을 창도한 최제우가 우리를 안내하고자 했던 세상도 그런 것이었어요. 그것은 헌금을 많이 하면 출세가 보장되는 세상이 아니요, 새벽에 기도를 많이 하면 이다음에 자손이 어려운 시험에 합격해서 출세가 보장되는 그런 것이 아니었어요. 헌금 많이 하고 교리를 잘 지키면 죽어서 천당 간다는 약속 같은 것도 없었어요. 그런 것은 종교 중에서도 가장 원시적인 것이 아닐까요?

그런 유치한 약속을 내세워서 신자들을 인질로 삼으면 되겠어요? 최제우의 동학은 그런 것이 아니라, 우리 모두가 저마다 하늘을 정성껏 섬긴다면 결국 이 문제 많은 세상이 근본적으로 바뀐다는 믿음이었지요. 관계의 질적 전환이 이뤄져서 모두가 평화롭고 정의로운 세상의 군자가 된다는 것이었어요. 개벽의 본질은 그런 거였어요. 허황한 부귀공명을 약속하는 이상세계가 아니라, 개인의 실천을 바탕으로 새로운 세계가 만들어진다는 것이지요, 신인간(新人間)이 땀 흘려 만드는 세상이 곧 개벽한 세상이요, 동학이 추구하는 미륵 세상이었다는 말입니다.

어리석은 사람을 건지는 포접제

아무리 훌륭한 생각이라도 효과적으로 실천에 옮기려면 동지가 필요합니다. 또 이런 가르침을 잘 모르는 사람들에게 가르침을 전파

하는 일도 필수적입니다. 조직이 필요한 것은 당연한 일이죠. 더군다나 최제우가 가까운 제자들에게 들려준 귀한 이야기가 공개된 장소에서 거론될 수도 없는 형편이었잖아요. 관헌은 감시의 눈을 번득이며 최제우의 가르침, 곧 그들의 언어로는 '좌도(左道, 틀린 가르침)'가 퍼져나가서 혹세무민(惑世誣民), 곧 세상을 미혹하고 백성들을 속이는 일이 발생하지 않도록 만전을 기하고 있었거든요.

스승 최제우는 '난민(亂民)'했다고 해서, 백성을 혼란스럽게 만들었다 해서 죽임을 당했어요. 그 후계자 최시형은 포졸들의 추격을 피해 여러 해째 사방으로 쫓겨 다니는 형편이었어요. 그는 주로 강원도의 깊은 산골로 숨어들어 이 마을에서 저 마을로 남몰래 움직였어요. 별명이 '최보따리'였을 정도로, 보따리 하나에 필요한 최소한의 옷가지를 싸서 손에 들고, 오늘은 이 집에서 자고, 내일은 또 저리로 도망치는 딱한 형편이었어요. 그런 가운데서도 최시형이 위대한 가르침을 펼쳤다고 하는 사실이 그저 놀라울 뿐입니다.

누가 보아도 최시형은 쫓기는 사람이 아니었답니다. 지극히 겸손하고 평화롭고 지혜로 가득한, 넉넉하고 따뜻한 분이었어요. 저는 최시형이야말로 역사상 최고의 스승이 아니었나 생각합니다. 최제우도 물론 훌륭한 스승이었으나, 최시형이야말로 가장 평민적인 철학자가 아니었던가 생각해요. 최제우는 1860년에 도를 깨쳐 얼마 뒤에 포교를 시작했대요. 그러다가 1864년에 붙잡혀서 운명했으니까, 노골적으로 탄압을 받은 기간은 3~4년 동안이었어요. 그것도 물론 보통 사람으로서는 결코 감당하지 못할 고역이었습니다만, 최시형의 경우는 몇 배 더 심했어요.

험하게 말하면, 최시형은 젊은 나이에 최제우의 가르침을 받아들인 까닭에 늙어 죽을 때까지 고난의 짐을 혼자서 떠메고 간 것이었습니다. 누가 더 훌륭한가를 따지자는 말이 아닙니다. 최제우의 사상이 매우 훌륭한 것은 사실입니다. 그런데 최시형이 내면적으로 성취한 사상의 질적 전환을 고려해 '양천주' '이천식천' '삼경' 등의 내용을 들어보면, 한 사람의 종교인으로서 최시형이 도달한 경지란 이 세상 누구와도 비교할 수 없이 높고도 너른 경지가 아니었던가 감탄하지 않을 수가 없습니다.

그가 전국 여러 지방을 떠돌아다니면서 동학의 기본 조직을 완성했어요. 그 점도 높이 평가해야 합니다. 교도들을 포(包)와 접(接)으로 구성했어요. '접'이란 무릎을 마주대고 함께 모인 소수의 공부 모임입니다. 이런 작은 모임이 여럿 합쳐서 '포'가 되는 것이고요. '포접제'라고 하는 동학의 포교 방식을 창안한 이는 물론 최제우였어요. 하지만 최제우는 일찍 세상을 떠났기 때문에 실제로 험한 이 세상에서 포접제를 확대 발전시킨 것은 최시형이었습니다.

이야기가 좀 옆길로 빠집니다만 최제우라고 하는 이름도, 최시형이라는 이름도 참 재밌지 않아요? 최제우라는 이름은 어리석은 사람[愚]을 건진다[濟]는 것이지요. 바보들을 구원하는 사람이 바로 최제우였지요. 첫 번째 바보는 물론 그 자신이었겠지요. 두 번째 바보부터는 남들이었겠죠. 최제우란 이름은 한 가지 중요한 전제를 깔고 있어요. 세상에는 전부 바보만 있다는 거지요, "이 바보들을 하나씩 일깨우는 것이 나의 사명이다." 그런 뜻이 들어 있어요. 원래 이름이 최제우였을 리가 없어요. 단단한 각오를 가지고 나중에 고친 이름이었을 것입니다.

최시형이란 이름도 그에 못지않아요. 전기적인 기록에 따르면 그 자신이 이름을 그렇게 고쳤다고 하는 것 같아요. 제가 보기에는 그런 것 같지 않아요. 알다시피 최제우는 죽임을 당하기 전에 앞일을 예감하고 최시형을 불러 도통(道統)을 물려줬다고 해요. 많은 기록에 그렇게 나와 있습니다.

도통을 물려준 것은 틀림없이 옳은 말이겠지요. 그러나 최시형이란 이름은 아무래도 최제우가 미리 지어준 것 같아요. 『동경대전』에 보면 세상에서 가장 중요한 것이 네 가지 개념이라고 했어요. '원형이정(元亨利貞)'이란 말이에요. 그런데 이것은 사실 『중용』에도 나와 있고, 성리학의 경전에 어디나 나오는 말입니다. "원형이정(元亨利貞)은 천도지상(天道之常)"이라고 했어요. 원(元)과 형(亨)과 이(利)와 정(貞)이라는 것이 하늘이 만든 도의 변하지 않는 상수라는 뜻입니다. 성리학의 대가였던 주희의 설명에 따르면, 원형이정은 인의예지(仁義禮智)입니다. 동시에 춘하추동(春夏秋冬)의 사계절을 뜻합니다. 도덕의 근본이요, 우주의 근간입니다.

그런데 말입니다, 최제우에 관하여 가장 글을 많이 남긴 큰선비가 있었는데 그 이름이 강시원(姜時元)이에요. 제가 강시원에 관한 기록을 읽어보았어요. 강시원의 이름은 본래 다른 것이었어요. 시원이란 이름은 훗날 스승 최제우가 지어줬다는 거예요. 강시원이라는 이름처럼 최시형의 이름 역시 최제우가 아끼는 제자에게 내려준 것이었으리라 짐작합니다. 비로소 도가 융성한다[時亨]는 뜻이었겠지요. 그렇다면요, 강시원과 최시형이란 이름을 염두에 두고 생각해보면, 또 다른 두 명의 큰 제자가 있었을 가능성이 있어요. 그들의 이름은 시리와 시정이라고 불렸을 것이고요. 최제우가 큰 뜻을 가지고 네 사람의 제자들에게 시원, 시형, 시리, 시정이라는 이름을 준 것으로 추측됩니다.

"후천개벽의 시간이 왔다. 그래서 너로부터 시작한다." 이것이 아마 강시원이란 이름의 뜻이었겠지요. 최시형은 그다음에 얻은 큰 제자였을 것입니다. 한데 최시형이라는 제자가 종교적으로 무척 탁월했기 때문에 도통을 전수받았습니다. 제가 이렇게 추측하는데요, 여러분은 다음과 같이 묻고 싶을 것입니다. "현재 남아 있는 동학 관련 문서에는 시리도 시정도 안 보입니다. 이건 어찌된 일인가요?" 일찌감치 죽었거나 무슨 사정인지 몰라도 동학을 떠났기 때문일 것입니다. 그런 일은 인간사 어디에나 일어나는 법이지요.

최시형에게 도통을 전해줬다고 하는 내용을 자세히 읽어보면 처음에는 '북도대접주'를 임명했다고 하고, '북도도중'으로 삼았다고도 했어요. 그 말을 깊이 새겨보면 초기의 동학 조직은 혹시 넷으로 구별되어 있었던 것이 아닐까도 추측하게 됩니다. 동도, 서도, 남도 그리고 북도가 있었을지도 모르겠어요. 초기의 중요한 제자 가운데 강시원은 학자였어요. 조직 능력이 그다지 뛰어난 제자가 아니었던 것 같아요. 글 쓰는 능력은 뛰어났으나 교단의 위기를 관리할 능력은 없었던 거죠. 강시원은 동학의 '차도주(次道主, 교단의 2인자라는 뜻)'였다고 알려져 있어요. 최시형은 특별한 인물이었어요. 최시형은 최보따리가 되어 끈질기게 이리저리 피해 다니면서 끈질기게 조직을 재건했던 것입니다.

최시형의 교단 운영 능력은 실로 출중했어요. 1880년대 초가 되면 그는 피신 중이었음에도 경전을 차례로 간행했지요. 강원도 인제에서 『동경대전』을 목판으로 찍었어요.(1880년) 또 충청도 단양에서는 『용담유사』를 간행했다고 하지요.(1881년) 경전의 간행에는 많은 비용이 들었어요. 최시형이 자신의 조직을 모두 움직여서 전담했단 말이지요. 따라서 『동경대전』과 『용담유사』라는 경전이 활자화될 때쯤이면 동학 교단에서 명실상부한 최고의 지도자는 단연코 최시형이었다는 뜻입니다.

최제우가 세상을 뜬 다음에 어쩌면 교단 내부에서 지도권을 둘러싸고 경쟁이 일어났을 수가 있지요. 교단의 주도권이 누구에게로 갈 것인가, 하는 문제는 항상 복잡한 문제를 포함하지요. 저는 그렇게 봅니다. 이런 사실은 동학 교단의 문서에 한 번도 언급된 적이 없는 것 같습니다만, 얼마든지 일어날 수 있는 당연한 경쟁이요, 내부 투쟁의 과정이었다고 생각해요.

포접제 역시 동학의 역사에서는 최제우가 구상했다고 하지만, 엄밀한 의미에서는 사실 그렇게 보기가 어렵다고 생각해요. 저는 이 강의를 계보학적으로 한다고 그랬어요. 최제우가 포접제를 떠올렸다고 하지만 그런 아이디어가 갑자기 나타났을까요? 최제우가 종교적 천재라는 점을 충분히 인정합니다만, 모든 것은 무(無)에서 갑자기 나타나지 않아요. 최제우의 사상에 관한 지금까지의 검토에서 거듭 확인된 것은 무엇인가요? 그는 철저하게 전통의 바탕 위에 서 있었다는 점이지요. 최제우는 평민지식인으로서 비밀결사의 전통 위에 새로운 차원의 교단을 일으켰어요.

제1강에서 말씀드렸듯, 모든 것이 『정감록』에서 시작되었어요. 조선후기 우리나라에는 헤아릴 수 없이 많은 비밀결사가 활동했어요. 그들이 혹독한 탄압 속에서 조직을 운영한 경험이 최제우에게 전달된 것으로 봐야 합니다. 최제우는 바로 그런 전통 위에서 결코 부서지지 않을 단단한 조직을 설계했다고 믿어요.

그것이 바로 '포'요, '접'이었던 것입니다. 하루하루 포졸들에게 쫓기면서도 새로운 조직을 만들 수도 있고, 옛 조직을 재건할 수도 있는 점조직이었어요. 깨지지 않는 인간의 강인의 고리로써 보이지 않는 성을 쌓았다고 생각해요. 그것이 바로 동학을 위대한 교단으로 키운 포접제였다고 생각해요. 그런 조직이 정말 제대로 작동했다는 사실, 그것을 입증하는 것이 바로 최시형의 삶이었어요.

최시형이 직접 관리하기가 어려웠던 여러 지역에서도 동학 조직은 튼튼하게 유지되었어요. 훗날 교조신원운동을 벌이자며 최시형을 찾아간 서인주, 서병학 등의 예를 보아도 먼 남쪽에서도 동학 조직은 훌륭하게 살아 있었어요. 1984년 갑오동학농민운동이 일어날 때, 동학의 중심에서 멀리 떨어진 황해도에서도 상당한 호응이 있었습니다. 서북쪽에도 상당히 튼튼한 동학 조직이 있었던 것입니다. 형편상 최시형이 직접 개입해서 조직을 만들 수가 없었던 곳에서도 포접제는 잘 운영되었다는 뜻이지요. 그런 점에서, 동학의 포접제는 전통적인 비밀결사의 전통 위에서 운영되었다는 확신이 더욱 강해지는 거지요.

19세기 중후반, 한국 사회에서 포접제는 폭발적인 힘을 가지고 있었습니다. 제 생각에 포접제는 남부지방에서 특히 큰 위력을 발휘했어요. 이는 현지의 농민 조직인 두레와 맞물려 있었기 때문이지요. 마을의 공동체 조직과 포접제가 일정한 함수관계에 있었다고 봅니다. 그 문제는 다음 강의에서 더욱 자세히 살펴봐야겠습니다.

동아시아 방식의 근대화

동학은 사상적인 맥락에서 보거나, 조직적인 맥락에서 보거나 뿌리가 매우 깊은 것입니다. 동학의 역사를 한국의 역사라는 차원에서만 볼 필요가 없습니다. 저는 동학의 문제도 동아시아적인 맥락에서 보는 것이 바람직하다고 생각합니다.

특히 주목하는 것이 중국의 역사입니다. 비밀결사 백련교라고 하는 단체를 이미 말씀드린 적이 있습니다. 백련교는 몽골의 원나라와 명나라가 서로 교체하던 시기, 즉 14세기 후반에 두각을 나타냈어요. 그들의 신앙적인 핵심이 미륵신앙이었단 말입니다. 미륵신앙은 중국사에서도 여러 차례 큰 역할을 했어요.

명말청초, 곧 명나라가 망하고 청나라가 들어설 때에도 그 이름이 바뀌었지만 백련교는 또 한 차례 역사의 무대 위로 떠올랐어요. 나중에 청나라 후기에도 백련교도가 일으킨 난리가 중국을 뒤흔들어놓았어요. 때문에 청나라는 쇠망의 늪에 빠졌어요. 그 후 19세기에 서양 세력이 중국에 깊숙이 쳐들어오자 또 한 번의 변형된 운동이 일어납니다. 그것이 바로 태평천국운동이었습니다. 동학도 이를테면 지상천국운동을 벌인 것으로 이해할 수 있지요. 동학과 태평천국운동은 큰 맥락에서 보면 여러 가지 공통점을 보였어요.

시기적으로는 태평천국운동이 동학보다 약간 앞섰어요. 운동의 규모도 훨씬 컸고요. 운동의 지속성에서도 동학보다 나은 점이 있었지요. 태평천국운동은 일종의 국가를 만들었고, 독자적으로 과거제도도 실시할 정도였으니까요. 서양 세력과도 한동안 국가로서 교섭할 정도로 위력을 발휘했지요. 그러나 시간이 갈수록 개혁의 동력을 잃어버리고 결국은 패망했지요.

동학은 한 번도 독자적인 정권을 세우지 못했어요. 그럼에도 1894년에 대규모의 조직적인 저항운동을 일으켰어요. 그 운동이 무력으로 진압된 뒤에도 하나의 확고한 교단으로 존재했어요. 조선왕조가 일제의 식민지로 전락한 다음에도 오랫동안 민족운동의 구심점으로서 기능했지요. 1919년 3월에 일어난 3·1 독립만세운동도 동학(천도교)이 기독교와 함께 일으킬 정도였어요. 게다가 동학 이후에 일어난 여러 가지 신종교 단체들도 실상은 저마다 동학의 전통을 이어받았어요. 그런 점에서 태평천국운동보다는 역사상 훨씬 지속적으로 강력한 영향력을 행사했다고 평가해도 좋을 것입니다.

태평천국운동이 실패한 다음, 얼마 뒤 중국에서는 의화단이 성장했습니다. 대체로 1900년쯤이었어요. 그들의 기치도 동학이 표방한 바와 같이 외세를 물리치고 백성들을 도탄에서 구한다는 것이었어요. 의화단운동도 동학과 마찬가지로 자국의 주권을 회복하기 위한 민중운동이었어요. 말하자면 동학운동의 중국적 변용이 바로 의화단이었다고 볼 수 있습니다.

이처럼 간단히 정리해보아도 한 가지 사실이 명확히 드러나지 않나요? 동학은 조선의 동학만이 아니었다는 말씀입니다. 바로 동아시아의 동학이었습니다. 그 정신이라든가 운동의 방향은 한국에서도 중국에서도 그리고 아마 베트남을 비롯한 동아시아 여러 나라에서도 유사한 형태의 민중운동이 없지 않았다고 봅니다. 이것이 제2강의 결론입니다.

따라서 동학운동은 이중, 삼중의 의미에서, 즉 다중적 의미에서 주목할 만한 '문화투쟁'이었다고 말하고 싶어요. 첫째, 서구의 충격으로 존망의 위기에 빠진 동아시아 각국의 자구적인 노력을 상징하는 것이었다는 거지요. 스스로를 구제하기 위한 노력이라는 측면에서 동학은 주목할 가치가 있어요. 또 다른 측면도 있어요. 차별과 착취라고 하는 내적인 문제, 이것은 조선 사회에 국한된 문제가 아니었지요. 이런 문제는 19세기 동아시아 사회 전반에 해당하는 문제이자 서구 사회를 포함하여 전 지구적인 문제였어요. 인류의 역사상에는 항상 사회적 불평등과 차별에서 발생하는 심각한 문제가 있었지요. 지금도 그런 문제가 남아 있고요. 이런 문제를 자력으로 해결하기 위한 동아시아의 해답이 바로 동학운동이었어요. 저는 이를 '동아시아의 해답'이라고 말합니다.

동학은 동아시아 문화에 공통적인 종교, 철학적 기반 위에서 나타났기 때문입니다. 그런 문화가 한국에만 있었던 것이 아니잖아요. 유교와 불교와 도교는 한국의 문화이기도 했으나, 동아시아 전반의 보편문화였으니까 말입니다. 그래서 동아시아 문화에서 스스로 찾아낸 해결책이었다고 평가할 수 있습니다. 이것이 두 번째 의미라고 하겠어요.

세 번째로는, 제가 가장 중요하게 생각하는 점입니다만, 서구의 근대는 제국주의적 근대였다고 하겠는데요, 그에 비해서 동아시아의 자주적인 근대화 노력은 생태적 전환을 촉구하는 근대화였다는 점입니다. 인간 중심적 사고방식에서 벗어났다는 점에서, 동학은 탈인간 중심이었다고 말해도 좋겠어요. 동학이 인간 중심이 아니라는 점은 최시형이 설파한 '삼경'에 뚜렷이 나타나 있지요. 요컨대 동학은 생태 중심의 사고였어요. 지극히 존귀한 인간도 지구상의 다른 모든 존재와 동등하다는 것입니다. 동물이나 식물들도 착취의 대상은 아니라는 점이에요.

그런 의미에서 동학은 인류 문제의 생태적 해결을 촉구했다고 보고 싶어요. 최제우와 최시형의 사상은 대단히 특별한 사상이었어요. 저는 그 점을 한마디로, 자주적 근대화를 위한 절실한 노력이었다고 표현하고 싶어요. 실로 대단하지 않습니까?

그런데요, 우리가 동학의 방식으로 문제를 풀어갈 수가 없었어요. 그리하여 세상을 지배하는 현실권력과의 불행한, 물리적 충돌이 발생했습니다. 다음 장에서 1894년의 동학농민운동을 공부하는 이유가 거기 있어요. 우리가 당면한 문제를 이념적으로만, 종교적으로만 풀려고 하면 결코 안 풀린다는 판단이 작용했어요. 현실적인 운동, 하나의 조직적인 실천운동이 요구되었단 말이에요. 그때 그 운동이 어떻게 조직됐는지, 운동의 과정이 어떠했는지, 그 시점에서 앞에서 짤막하게 언급한 마을공동체의 협동조직이 어떻게 관련되었는지 등의 문제를 검토하겠습니다.

질의응답

질 의

교수님 강의를 듣고 싶어서 먼 지방에서 왔어요. 저는 『동경대
전』과 『용담유사』 등을 읽으면서 유교의 영향이 가장 크다는
생각이 들었거든요. 최제우가 아버지 최옥의 영향을 받아서 그
런 점도 있겠는데요. 어쨌든 기본적으로 유학의 냄새가 가장
진하게 풍긴다는 생각을 했어요. 최제우가 유학을 어느 정도 받
아들였다고 생각하시는지, 또 정감록이 어느 정도로 큰 영향을
미쳤는지 궁금해요. 또 서학의 영향은 어땠을지도 궁금합니다.

응 답

참 좋은 질문을 주셔서 무척 감사해요. 그런데요, 영향의 정도
를 구체적으로 가늠하기가 굉장히 어려운 일입니다. 이는 통계
적으로 평가할 수가 없는 거라서 질적·주관적으로 평가할 수밖
에 없어요.

우선 유교, 성리학과의 관계를 조금 구체적으로 알아봅시다. 최
제우가 사용하는 용어는 상당 부분 성리학에서 사용하는 것이
지요. 말씀대로 그랬어요. 하지만 유교적이지는 않아요. 유교적
용어에 새로운 내용을 담았거든요. 가령 같은 하늘이라도 성리
학자가 생각하는 하늘은 형이상학적인 개념에 불과할 때가 많

앉었어요. 최제우와 최시형에 이르면 종교적 신앙의 대상이자 나를 포함한 만물로 확장되잖아요.

말씀드린 것처럼 불교도 동학에서는 중요한 역할을 했어요. 일부 제자들이 최제우가 세상을 뜨자 삭발하고 스님이 되었어요. 그들은 최제우를 미륵불로 여기고 있었다는 것입니다. 당시에 서학이라고 불린 천주교도 최제우에게는 큰 영감을 준 것 같아요. 천주교를 '서학'이라고 부르던 시절에 자신의 가르침을 '동학'이라 한 점만 보아도, 최제우는 서학을 매우 의식하고 있었다고 봐요. 서학이 서양의 문화와 종교를 대표한다면 동양에서는 역시 동학이 해결책이라는 대결 의식이 보이지요.

최제우는 사상적으로 보아 '회통론'에 속한다고 생각해요. 무엇보다도 그에게 유교적인 요소가 과도했다는 평가가 많은 것은 사실이에요. 후대에 등장한 증산교나 원불교에서는 그런 평가를 내렸어요. 증산교의 『도전』에 다음과 같은 내용이 있어서 흥미를 끌어요. 하느님이 세상을 구하기 위해서 최제우를 보냈는데, 최제우가 너무나 유교에 기울었다, 때문에 강증산을 다시 내려 보냈다, 그런 말이 나오지요.

질 의

"자주적 근대화"라는 말씀의 함의에는 동의합니다만, '근대'라는 용어는 이제 하나의 역사적 용어가 되었다고 봅니다. 서구적 산업화와 국민국가 같은 것을 의미하는 고유명사로 굳어진 것 같아요.

그런데, 자생적이고 자각적인 삶의 지향은 세상 어디에든 있어요. 몽골에도, 잉카에도, 코이산족(부시족)에도 있었다고 볼 수 있어요. 널리 알려진 시애틀 대민족장의 연설은 결코 동학에 떨어지지 않습니다. 의미상으로 보면 동학은 곳곳에 있지요.

근대라는 용어를 쓰게 하는 잠재의식에 문제가 있는 것 같아요. 앞으로 나가야 한다는 진보사관의 강박은 아닐는지요? 진보사관은 인류의 병통, 요샛말로 적폐가 된 것은 아닐까요?

응 답

귀한 의견 주셔서 감사합니다. 제 생각을 두 가지로 간단히 요약해서 말씀드리지요. 첫째, 진보에 대해 강박적인 관념을 가질 필요는 없다고 봅니다. 서구적 의미의 일직선적 진보를 맹신하는 것도 문제지만, 무조건 순환론으로 또는 환원주의로 돌아가는 것은 좀 곤란한 일이 아닐까 합니다.

둘째, 근대라는 것도 하나의 근대는 아닙니다. 어떤 공간에서도 그 나름의 근대가 있지요. 상대적인 개념입니다. 역시 서양의 틀에 갇힐 필요가 없어요. 아프리카에는 아프리카의 근대가 있는 것이죠. 서구적 개념을 절대화하는 오류는 우리가 벗어나야 할 과제이고, 그런 점에서 절대적인 지지도, 절대적인 거부도 결국은 마찬가지라는 생각을 합니다. 말씀하신 뜻을 존중하면서도 제 나름의 생각을 말씀드리면 그렇습니다. 화이부동(和而不同)인 것이죠.

갑오동학농민운동, 그 중심에 소농이 있다

이제는 1894년의 '동학농민혁명' 또는 '동학농민운동'에 관해서 이야기할 차례입니다. 어떤 사람은 '동학난'이라고도 하고, 또 어떤 사람은 '동학농민전쟁'이라고도 하지요. 여러분은 어느 쪽을 선호하시는지요. 각자의 판단에 따라 차이가 있을 것도 같습니다.

이미 앞에서 말씀드렸듯, 저는 '동학농민운동'이라고 부릅니다. 그 사건을 동학농민이 일으킨 '난리'라고 한다면 지나치게 보수적인 입장인 거지요. 조선왕조의 기득권층이나 그런 말을 쓸 테니까요. '전쟁'이라고 부른다면 동학농민과 관군 또는 일본군과의 무력충돌에 너무 집중한 것이 아닌가 생각되고요. '혁명'이 틀린 말이 아니지요. 정치·사회·문화적으로 볼 때 동학농민들은 기존의 체제를 벗어나고자 하는 '혁명적 의지'가 있었으니까 말입니다.

그럼에도, 저는 '운동'이란 용어를 쓸 것입니다. 그 편이 혁명보다는 더욱 포괄적이지요. 게다가 긴 역사적 흐름을 염두에 둔 행동이라는 점을 강조하는 효과도 있어요. 오늘날 시민의 입장에서 보아도 운동이라고 해야 그때와 지금의 시민운동이 하나로 통하는 것을 알 수 있습니다. 그래서 '운동'이라고 부를 생각인 것입니다.

서로가 서로에게 도움을 주는
정의로운 경제공동체

이 강의에서 중점적으로 살펴려는 것은, 그때 그 많은 사람들이 동학을 통해서 무엇을 어떻게 변화시키려 했는가를 점검하는 것이지요. 큰 틀에서 보면, 동학농민운동은 1894년 음력 1월에 점화되어 1895년 3월에 일단락되었어요. 14개월에 걸쳐 숨가쁘게 많은 일이 일어났지요. 그때의 여러 사건을 세밀하게 하나씩 천착하지는 않을 생각입니다. 중요하다고 생각되는 몇 가지 점을 간단히 설명하는 정도에 그칠 것입니다.

제가 힘주어 말하고 싶은 것은요, 동학농민들이 새로운 경제공동체를 건설하기 원했다는 점입니다. 이는 물론 오늘날의 유럽연합 같이 거대한 경제공동체는 아니었지요. 유럽연합은 국가 간의 협의를 바탕으로 국가의 경계를 초월하는 경제공동체를 구성했어요. 동학농민들이 바랐던 것은요, 정의로운 경제, 정의로운 사회, 정의로운 공동체를 만들기 위한 거였다고 봐요. 한마디로, 정의를 실천하기 위한 뜨거운 노력이었다고 생각합니다. 그런 점에서 이 강의의 초점은 '정의(正義)'라고 봐야겠어요.

정의라는 것이 기독교적 의미에서는 하느님의 말씀, 또는 하나님의 뜻이라고 하겠지요. 그럼 말이에요, 우리 동아시아에서는 정의를 무엇이라고 해야 될지요? 굉장히 어려운 이야기인데요. 흔히 성리학(유교)의 성격을 한마디로 말해 '인(仁)'과 '의(義)'의 학문이라고 하지요. '인'은 쉽게 말해 사랑이고요. '의'라고 하는 것은 무엇일까요? 그것이 바로 정의에 가장 가까울 텐데 말입니다. 수오(羞惡), 즉 양심에 비추어 부끄러워하고 싫어하는 것을 '의'라고 합니다. 달리 말해, 인간의 도리에 부합하는 것, 하늘의 명령[天命]에 비추어 어긋나지 않는 것이지요.

부끄러운 것과 싫은 것이 무엇입니까? 그 기준은 개인이나 어느 한 집단의 이해관계에 따른 것이 아니지요. 누가 보아도 떳떳한 기준, 즉 '공공성'을 갖추어야 하는 것입니다. 보편타당한 기준에 부합하는 것이 바로 동아시아의 정의란 말씀입니다. 이는 하늘의 뜻에 부합되는 것이니까요.

하늘의 뜻이 중요해요. 하늘은 죽이기보다는 살리는 것을 위주로 한다고들 보았어요. 그것이 바로 사랑 또는 '인'입니다. 모든 사람을 살리는 결정은 사랑이 가득한 것이고, 그게 바로 의로운 것입니다. 만약 사람과 동식물을 함부로 죽인다면 그것은 결코 의로운 것으로 평가되지 못해요. 하늘은 죽이기를 좋아하지 않으니까 말입니다. 동아시아의 사고방식은 그렇습니다. 이것이 성리학이고 불교, 도교에서 보편적입니다. 동학도 전혀 다르지 않아요.

하늘이 살리기를 좋아한다는 것은 어떻게 알 수 있을까요? 동학에서는 자연에서 답을 찾았어요. 가령 여기에 흙이 있다고 합시다. 내버려두면 흙에서 변화가 일어나지요. 봄이 되면 이름을 무어라 하는 것이 되었든지 하여간 온갖 생명들이 다 거기서 일어납니다.

만약 여기에 물이 있다고 합시다. 가만히 놔두면 어떻게 될까요?

얼마 지나지 않아서 크고 작은 물고기들이 다 놀게 될 것입니다. 반드시 그렇습니다. 자연의 이치는 산 생명을 죽이는 것을 목적으로 하는 게 아닙니다. 살리는 데 자연의 자연다움이 있는 거죠.

자연은 모두를 공평하게 살립니다. 어느 한 종족이나 어느 한 종자만 살리는 것이 아니고, 모든 생명체가 유기적인 관계 속에서 평화롭게 잘 살게 하는 것이지요. 이것이 자연의 뜻입니다. 이런 말씀은 저의 독특한 주장이 아니라, 동아시아의 보편적 사고입니다. 물론 동학도 그러하고요.

서두에서 제가 말씀드린 동학의 경제공동체는 바로 그와 같은 생각을 토대로 한 것입니다. 누구나 다 똑같게 되어야 할 필요는 없다고 보았어요. 부자도 있고, 가난한 이도 있어요. 잘난 사람도 못난 사람도 다 있어요. 인위적으로 그것을 어떻게 뜯어고치려 하지 않아요. 모든 사람을 똑같게 만들 수도 없으려니와 그렇게 만들 필요도 없지 않아요? 차이를 인정하는 것이 중요합니다. 물론 그보다 훨씬 중요한 이치가 있어요. 그것이 곧 '유무상자(有無相資)'입니다.

있는 사람이 없는 사람에게 덜어주고, 없는 사람은 있는 사람에게 고마워하면서 자신이 할 수 있는 방법과 수단을 동원하여 보답하는 공동체죠. 서로가 서로에게 도움을 주며 사는 그런 세상을 동학은 꿈꾸었어요. '유무상자'의 경제공동체라고 불러도 좋겠지요. 이것이 바로 정의로운 공동체인 것입니다.

동학농민들은 최제우와 최시형의 가르침을 통해 유무상자의 정의로운 경제공동체를 만들고 싶어했다는 말이지요. 그런데 엄청난 위력을 가진 폭력이 외부로부터 행사되었다는 것이 문제의 시작이었어요. 방해의 칼날은 양날이었어요. 하나는 나라 안에서 왔고요, 다른 하나는 외세로 인한 거였단 말이지요. 동학농민의 입장에서 보면 둘 다 외부로부터 행해진 방해였어요. 유무상자의 새로운 공동체의 성립을 근본적으로 방해하는 그러한 세력에 맞서 동학농민들은 처절한 싸움을 벌이게 되었어요. 이런 사정을 충분히 이해해야만 동학농민운동의 의미를 제대로 파악할 수 있다고 봅니다.

19세기 후반, 조선 사회는 파국을 향해 치달았어요. 요즘 말로 양극화가 심해졌다는 거죠. 역사를 보면 로마제국이든 중국의 한 나라든, 많은 나라들이 양극화의 문제를 제대로 극복하지 못한 채 쓰러지곤 했어요. 14세기 후반 조선이 무너뜨린 고려왕조 역시 그러했지요. 그런데요, 조선 역시 나라가 세워진 지 수백 년이 지나자 양극화가 점차 심해지는 현상을 보였어요. 동학농민들은 바로 그러한 모순을 해결하는 데 큰 관심이 있었지요. 최제우와 최시형의 가르침이 '관계의 질적 전환'으로 요약될 수 있다는 점을, 제가 앞에서도 강조했잖아요. 어떻게 조정을 해서라도 동학농민들은 관계의 재설정을 하고 싶었던 것인데요, 평화적으로 될 것 같지가 않았어요.

1894년 초부터 1895년 봄까지 일련의 운동이 폭발적으로 일어난 것은, 말하자면 동학농민들이 비상수단을 쓴 것이라고 봐야겠지요. 일련의 폭력까지 수반된, 과격한 운동이 전개되었으니까요. 저는 이 점을 강조하고 싶어요. 사실상 제3강의 결론이 그것이지요.

이제부터는 이 강의의 대강을 간단히 요약할 겁니다. 이제부터 우리가 떠날 역사 여행의 지도에는 대략 여덟 가지 지점이 표시되어 있어요. 하나씩 간단히 안내할게요.

첫째, 고종이 외세를 끌어들인 것이 엄청난 파국을 불러일으켰다는 점이지요. 이는 조선 멸망의 화근이었어요.

둘째로, 청일전쟁을 통해서 우리 역사에 비극의 분수령이 그어졌다는 점이지요.

셋째, 갑오동학농민운동을 이야기하다 보면 마치 약방의 감초처럼 늘 끼어드는 조병갑(趙秉甲)이란 인물에 관해 어떻게 보아야 하는가 하는 문제도 해결해야 합니다. 그는 과연 희대의 탐관오리였을까요?

넷째로는 말이지요, 고종과 그의 측근들이 벌인 무분별한 개방정책에 상당한 문제가 있었다는 점입니다.

다섯째, 동학이 추구한 새로운 경제공동체는 결국 전통적인 소농사회의 특징을 살린 것이었다는 사실을 강조해야겠어요. 동학이라는 신종교 자체가 소농사회의 고유한 노동조직과 관계가 깊었다는 점을 잊어서는 안 되지요.

여섯째입니다. 동학농민이 애써 희구한 정의의 공동체는 조선 사회에 오랫동안 존재했던 '사회적 합의'의 전통에서 비롯되었다는 것입니다. 우리 사회에는 우리가 잘 모르고 지나친, 좋은 전통이 존재했다는 사실을 꼭 기억해야 할 일이지요.

일곱째로, 이렇게 하나하나 따져보면, 앞 장에서도 제가 힘주어 말씀드렸듯, 동학이 조선후기의 현실 문제를 해결하기 위한 종합적인 처방이었다는 느낌이 더욱 강하게 들 것도 같아요.

제 말씀에 귀를 기울이다 보면 한 가지 의문이 들지 않나요? 동학농민운동을 설명하겠다는 애초의 약속과는 달리 왜, 1894년에 일어난 여러 가지 사건을 자세히 말해주지 않느냐고, 어느 분은 제게 따질 생각이 들지도 모릅니다. 제 답변은 이렇습니다. 동학농민운동은 사실 1894년에 일어났다고 단언할 수가 없다고 생각해요. 여러 가지 사정을 고려해보면, 사건이 일어나기 2년 전인 1892년부터 치밀하게 준비되었다고 말해도 괜찮을 것입니다. 이 운동은 결코 우연히 일어난 우발적 사건이 아니라고, 저는 보고 있어요. 그래서 사건의 외연을 확대하고, 여러 사건의 함의를 조금 깊이, 다각적으로 따져보는 작업이 필요하다고 봅니다.

끝으로, 여덟째입니다. 오늘의 시민들에게 동학농민운동은 어떤 의미를 갖는가 하는 점이지요. 이 문제는 제4강에서 본격적으로 다룰 것입니다. 그러나 예비적인 고찰이 필요한 시점이라고 봐요. 아울러 우리가 새롭게 추구할 사회적 합의는 어디에 주안점이 있을지도 잠시 생각해보는 것이 좋겠어요. 역사라는 과거와 우리의 삶이라는 현재는 다양한 측면에서 대화를 계속해야 할 테니까요.

고종이 참 문제였어요. 그가 한반도에 외세를 끌어온 것이 아주 큰 문제였다는 사실을 강조해야 할 것입니다. 그 점을 염두에 두고, 동학농민운동의 경과를 잠깐 살펴봅니다.

알다시피 갑오년의 동학농민운동은 1894년 1월 전라도 고부군, 현재의 전라북도 정읍시 고부면에서 시작되었습니다. 그보다 얼마전, 그러니까 1893년 겨울로 잠시 거슬러 올라갑니다. 전봉준은 뜻을 같이하는 고을 사람들 수십 명과 함께 그 시절의 군수였던 조병갑에게 정치를 제대로 하라며 항의했습니다. 그 항의에 조병갑이 귀를 기울일 리가 없었어요. 으레 관리들은 백성의 요구를 묵살하는 법이니까요.

그러자 일이 커졌어요. 1894년 1월 10일, 전봉준은 1000명의 고부 사람들과 함께 고부 관아로 몽둥이를 들고 찾아갑니다. 군수 조병갑은 혼비백산하여 도망가버렸어요. "군수가 줄행랑을 놓았으니까 대강 된 거 아니야?" 이렇게 생각했던지 고부 백성은 조용히 집으로 돌아갔습니다.

소식에 접한 조정에서는 과연 사태가 어떻게 된 것인지 조사를 하게 되었어요. 장흥부사로 있던 이용태라는 관리를, 요즘 식으로 말하면 조사관으로 임명해서 현지로 파견했어요. 그 당시에는 안핵사라고 불렀어요. 이용태는 아마 속으로 쾌재를 불렀던가 봅니다. "이제 내가 한 건 크게 할 때다." 이렇게 생각했던가 봐요. 이용태는 고부 사태에 참가했던 백성들의 명단을 빠짐없이 재구성하기라도 하듯 조사에 열을 냈어요. "하나씩 몽땅 붙잡아 와. 이 버르장머리가 없는 농사꾼들 같으니, 본때를 보여줘야겠다!" 그렇게 생각하지 않았다면 고부 백성을 심하게 닦달할 이유가 없었겠지요. 이용태를 따라 장흥에서 올라온 군인들도 여기저기서 많은 행패를 부렸답니다. 고부 민심이 가라앉기는커녕 더욱 술렁거렸답니다.

1894년 3월 20일 전봉준이 다시 일어섰어요. 인근에 전라도 무장(지금의 전라북도 고창군 무장면)이 있는데, 그곳에는 손화중(孫華仲)이라는 인기 높은 동학 접주가 있었죠. 손화중은 학식도 있고 재산도 넉넉한 데다 인품이 훌륭했던 이라서 많은 사람들이 그를 따랐다고 해요. 전봉준은 바로 무장으로 달려가서 '창의(倡義)'를 했어요. 조정의 입장에서 보면 반기를 든 것이었어요. 그때 무장에 모인 사람들은 전봉준을 대장으로 뽑았지요. 그때 동학농민군이 내걸었던 깃발이 바로 '보국안민(輔國安民)'이었어요.

기울어가는 나라를 바로 세우고 백성들을 편안히 살게 한다는 뜻이었지요. 이게 좀 이상하다고 고개를 가로저을 사람도 있을 법해요. 나라에 반기를 들면서 나라를 바로잡는다느니, 백성을 편안하게 만든다느니, 말이 되지 않는다고 볼 수도 있지요. 그러나 이는 어디까지나 조정의 입장에서 볼 때 그렇지요.

동학교도는 물론이고 일반 농민들로서는 생각이 달랐어요. "맞아. 지금 나라꼴이 말이 아니거든. 우리가 뭔가 바꿔놓아야 돼." 많은 부조리를 없애야 나라의 위신이 서고 백성의 삶도 펴질 테니까요.

보국안민은 그래야 되는 것이 맞지요.

전봉준을 비롯한 동학농민군은 그때 서울로 직행하지 않았어요. 그들은 무리를 지어 호남 지방을 한 바퀴 돌았어요. 먼저 아래쪽으로 내려가면서 세를 크게 불려서 돌아왔어요. 그러고는 전라도의 중심지, 전라감사가 머무는 전주까지 치고 올라왔어요. 전주를 동학농민군이 장악한 것은 1894년 4월 27일이었어요.

그때 교통이라든가 통신시설의 미비 등을 고려할 때, 동학농민군의 세력은 정말 엄청난 속도로 늘어났던 것입니다. 한 달 만에 전라남·북도를 일주하면서 대열을 정비한 동학농민군이 전주성에 입성하자, 조정은 초긴장 상태였어요. 전라도 전체를 대표하는 전주성, 조선시대에는 한양 다음으로 물산이 풍부하다고 해도 좋을 거대도시 전주가 동학농민군의 수중에 들어갔으니까요.

당시 전라도는 전국에서 인구도 가장 많고, 경제적으로도 가장 넉넉한 지역이었어요. 농업이 지배적인 산업이었으니까요. 호남평야, 나주평야로 이름난 전라도에는 부자도 많고, 쌀과 보리의 생산량도 단연 많았어요.

조정의 조세 수입이 전라도에 달려 있다 해도 지나친 표현이 아니었지요. 그런 전라도가 감사를 비롯해 조정에서 파견한 50여 개 고을의 관리들까지 사실상 동학군의 포로가 되다시피 한 상황이었어요. 고종은 엄청난 충격을 받았지요.

고부라는 조그만 고을에서 사달이 일어난 것이 1월이었어요. 그러나 순식간에 문제가 확대되어서 석 달이 지난 4월 말에는 전라남도와 북도가 상당 부분 동학농민군의 지배 아래 들어갔으니, 얼마나 많은 사람들이 뜨겁게 호응했는지 상상이 되지요? 전라도 농민이 모두 호응한 것이나 다름없었던 거지요. 물론 조정에서는 서울의 정예부대를 진압군이라고 하여 내려보냈지만 형편없이 무너지고 말았어요.

조정이 특별한 대책을 마련하지 못하면, 동학농민군은 서울로 치고 올라갈 기세였어요. 고종은 겁을 냈어요. 관군으로는 이 사태를 도저히 막을 수 없다는 판단이 왕을 괴롭혔어요. "호랑이 같은 동학농민군이 서울로 올라오면 누가 막을 수 있을까? 도무지 자신이 없다." 아마 그렇게 생각했겠지요.

그때 여러분이 고종이었으면 어떻게 조치했겠습니까? 만약 제가 고종이었으면 단순하고 명백한 해결책이 있었다고 봐요. "당신이 왕 해라! 오랫동안 왕위에 있었으나 내게는 골치만 아팠지, 무엇을 해도 잘 안 되더라. 마침 잘되었다. 당신이 생각하는 대로 좋은 정치를 한번 해봐라." 저 같으면 그렇게 대응했을 것입니다. 하지만 이는 어디까지나 제 소견이지요.

고종은 권좌를 지키고자 하는 의지가 굳었어요. "어떻게 해서든지 나는 왕 자리를 지켜야 돼. 이건 내 나라야. 내 거란 말이야. 그러나 지금 나에게는 저 반란의 무리를 막을 강한 군대가 없다. 청나라에 부탁해야겠다." 간단히 말해, 이런 식의 결론을 내렸어요.

조정에서는 청나라에 구원을 요청했습니다. 조선왕조가 들어선 지 500년이 되었으나, 외국에 군대를 요청해서 내부 문제를 풀려고

한 사람은 고종뿐이었어요. 그는 1882년 임오군란이 일어났을 때도 청나라에 군대를 요청해서 사태를 진정시켰어요. 그 바람에 오랫동안 청나라의 등쌀에 시달렸어요. 우리나라에 파견된 위안스카이(袁世凱)가 왕처럼 굴었잖아요. 고종으로서는 참담한 일이었어요. 이처럼 쓰라린 경험이 있었는데도, 고종은 또 청나라에 손을 내밀었어요. 한심한 일이었어요.

19세기 중반부터 청나라는 자기네 나랏일을 한 가지도 제대로 처리하지 못했어요. 나라는 사실상 서구 열강의 식민지가 되다시피 했어요. 그럼에도 청나라의 지도층은 동아시아의 최강자라는 헛된 생각을 놓지 못했어요. 자신의 능력도 제대로 헤아리지 못하고 조선으로 군대를 급파했어요. 조선이 다른 나라에 구원병을 청하기 전에 조선 일을 자기네가 처리해야 되겠다고, 그래야 조선에 대한 실질적인 지배권을 행사할 수 있다고 믿었던 것이지요.

당시 청나라가 자랑으로 여기던 부대는 나름으로 근대화된 북양함대였어요. 위안스카이도 바로 북양함대 출신이었지요. 그 주력 부대는 물론 해군이었지요. 그런데 북양함대로 말하면, 중국의 최고 실력자 이홍장의 휘하였어요. 청나라에서는 가장 잘 훈련된 정예부대인 북양함대의 일부를 보내, 고종을 위기에서 건지려고 했어요.

바로 그 순간을 기다리는 나라가 있었어요. 일본이었습니다. 1880년대 초부터 일본은 한반도 침략의 야욕을 노골적으로 드러냈어요. 일본은 어떻게 해서든지 조선을 식민지로 삼으려고 착실한 준비를 하며 때를 기다렸어요. 그들의 눈에 든 가시가 있었는데, 바로 청나라였어요. 전통적으로 조선의 종주권(宗主權, 주인된 권리)을 행사해왔으니까 말이지요. 일본은 청나라를 물리적으로 꺾어야만 한국을 지배할 수 있다고 보았어요. 그런데 청나라가 군대를 조선으로 보낸다고 하니, 일본도 이 기회에 조선으로 군대를 보내서 문제를 일으키자는 속셈이었어요.

청나라와 일본, 두 나라는 여러 해 전 중국의 톈진에서 조약(톈진 조약)을 맺었지요. 여기에는 한 가지 특이한 약속이 포함되어 있었어요. 만약 자기네 가운데 한 나라가 조선으로 군대를 보내면, 다른 나라에도 알린다는 내용이었습니다. 두 나라의 군대가 한반도에서 전쟁을 벌일 가능성은 예정된 일이었던 겁니다.

고종은 그 점을 반드시 고려했어야만 하죠. 왕은 청나라의 도움을 받으려고만 했지, 일본이 국내에 들어와서 어떤 복잡한 문제를 일으킬지는 생각할 겨를도 아마 없었던 모양이지요. 그런 무능한 왕이었어요. 한데도 최근에는 학계 일각에서 고종을 재조명한다며 호평을 쏟아내기에 여념이 없어요. 이런 역사가들이 있다는 것은 참으로 한심한 일입니다.

우리는 고종의 실체를 정확히 알아야 합니다. 마찬가지로 고종의 왕후였던 명성황후 역시 다를 바 없어요. 그도 고종과 마찬가지로 문제투성이입니다. 명성황후가 고종과 달리 백성을 위해 특별한 공헌이라도 있는 것처럼 착각해서는 곤란하지요. 그런데도 명성황후는 비극적 운명 때문인지 그가 주인공으로 나오기만 하면 인기가 높아요. 오페라도 잘되고 그렇잖아요. 제가 보기에는 참으로 안타까운 일입니다.

청일전쟁과 동학농민군의 결의

전봉준을 비롯한 동학농민군의 지도자들은 침착하게 정세를 정확히 판단했어요. 이대로 가면 아주 큰일이 나겠거든요. 백성들은 기울어가는 조선이란 나라의 운명을 바로잡기 위해서 일어섰는데, 비겁하고 교활한 왕이 양보는커녕 큰일을 저지른 것이었단 말이지요. 고종의 요청으로 외세가 한반도에 깊숙이 개입하게 되었으니, 동학 지도층의 고뇌가 깊었습니다.

"우리가 꿈에도 원치 않는 일이 일어나게 생겼다. 그럼 저들의 출병을 원천적으로 막을 수 있는 방법을 생각해보자." 이래서 동학농민군은 하나의 해결책을 찾아냈어요. "우리가 집으로 돌아가면 되지." 동학농민군은 관군과 재빨리 평화조약을 맺었어요. 1894년 5월 7일 '전주화약'이 체결됐어요.

"우리는 이제 농사지으러 집에 갈 테다. 당신들은 너무 신경 쓰지 마라. 대신에 우리가 일어난 데는 특별한 뜻이 있었으니까, 고을마다 집강소를 설치하자. 관리들이 옛날처럼 못된 정치를 해서는 안 된다. 우리하고 상의해서 정치를 한다면 좋다!" 이렇게 제안했던 것입니다.

집강소(執綱所)란 무엇이겠어요? 일종의 지방자치단체였습니다. 동학농민들이 이제부터는 관리들의 정치에 간섭을 하겠다는 거지요. "우리 동학농민의 의견을 말해야겠다." 그런 거였어요. 그리하여 전라도 각 고을에 집강소를 만들어놓고, 동학농민들이 각지의 현안에 관하여 자신들의 의견을 내놓고, 탐관오리들이 멋대로 백성을 착취하지 못하게 했습니다. 대부분의 농민들은 집으로 돌아가서 열심히 농사를 지었습니다.

이제는 고종이 뒤늦게나마 자기 구실을 했어야 할 차례였지요. "여기는 위급한 상황이 끝났으니까 청나라도 일본도 군대를 되돌리기 바랍니다." 이렇게 조치했어야 합니다. 그런데 일이 그렇게 풀리지 않았어요. 청나라와 일본군은 고종이 무엇이라 말하거나, 이미 시위를 떠난 화살과도 같았어요. 그들의 관심사는요, 이 기회에 한반도에서 상대를 꺾고 자국의 패권을 굳히는 것이었어요. 청나라는 이 기회에 일본을 조선에서 완전히 몰아내겠다고 의지를 불태웠지요. 일본은 또 그들대로 이번 기회에 청나라 군대에게 따끔한 맛을 보여 조선에서 완전히 손을 떼게 만들겠다는 거였고요. 그들이 남긴 공식 문서에 어떤 내용이 적혀 있든, 사실은 그와 다를 리가 없었던 거예요.

동학농민군은 해산하여 농사일에 종사했지요. 그때 청나라와 일본은 자기들끼리 전쟁을 벌였단 말씀입니다. 남의 나라에서 말입니다. 바로 청일전쟁이었습니다. 그때 세계 여론은 이 전쟁에서 누가 이기는지를 지켜보았어요. 어떤 이는 청나라가 이길 것으로 내다보았어요. 북양함대가 만만치 않을 것이라고 지레짐작했던 거지요. 하지만 전쟁의 결과는 충격적이었어요. 청나라 군대는 싸우는 족족 일본군에게 형편없이 패배했어요. 충청도 성환에서도 무너졌고, 평안도 평양에서도 청나라 군대는 전혀 일본의 상대가 되지 못했어요.

그 와중에 고종은 "우리는 중립입니다"라고 주장하며 두 나라의 싸움에서 한 발 물러서려고 했어요. 일본은 고종의 의견을 완전히 무시했어요. "중립? 그런 것이 어디 있어? 우리가 여기서 싸우면 너는 내 편 드는 거야." 일본은 고종의 의지를 꺾고 우리 백성을 강제로 동원해서 자기네 전쟁 물자를 수송하게 시켰어요.

그에 앞서 일본은 큰일을 저지르기도 했지요. 인천에 상륙했던 일본 군대는 1894년 6월에 조선의 법궁(法宮, 정식 궁궐) 경복궁으로 쳐들어갔습니다. 아무 잘못도 없이 조선은 경복궁을 일본군에게 점령당했습니다. 조선을 자기네 뜻대로 개혁하겠다며 이런 소동을 벌일 지경이었으니, 고종과 명성황후가 다스리던 조선이란 국가는 사실상 국제사회에 전혀 존재 가치를 인정받지 못한 셈이었어요. 그렇잖습니까? 그때의 조선은 이미 '정상국가'가 아니었어요. 그러고는 이 나라가 외세의 전쟁터가 되고 말았어요.

일본군은 청나라 군대를 추격하며 승승장구를 거듭하더니, 국경을 넘어 청나라의 본토까지 쫓아갔어요. 한반도에서 시작한 그들의 전쟁은 요동을 거쳐 산둥반도까지 이어졌어요. 청나라의 자랑인 북양함대는 크고 작은 배를 수백 척이나 보유했던 것 같은데요,

단 한 척도 남기지 않고 쓸 만한 배는 모두 침몰시켰어요. 청나라의 자존심은 완전히 짓밟혔습니다. 일본의 완벽한 승리였어요.

두 나라의 전쟁은 1895년 4월 17일 전승국인 일본의 시모노세키에서 마무리되었지요. 청나라는 일본에 무릎을 꿇고 사죄했어요. 그들은 전쟁배상금으로 2억 냥이나 되는 은을 물어야 했지요. 천문학적인 거액이었어요. 그 무렵 일본의 3년치 예산에 해당했거든요. 그런 거금을 청나라가 가지고 있었을까요? 그럴 리가 없지요. 청나라는 서구 열강에게 거액을 빌려서 일본에게 주었습니다. 일본은 신이 났겠지요. 그들은 그 돈으로 더욱 우수한 무기를 확보했어요.

청일전쟁 덕분에 일본의 위상은 국제사회로부터 인정을 받았어요. 그 바람에 일본의 지도층은 한층 더 심한 전쟁광이 되었어요. "전쟁이란 게 이렇게 신나는 거구나. 상대를 마구 쫓아가서 마음껏 유린하고 이런 거액까지 뜯을 수 있으니까, 전쟁은 참 재미난 것이다." 일본의 정치가들과 군인들은 쾌재를 불렀던 것입니다.

청나라도 이런 수모를 겪었는데, 그 일본 앞에 조선은 도대체 어떤 꼴이었을까요? "고종과 민비를 지켜줄 세력은 없다. 우리가 곧 한반도를 접수해야 되겠다." 이렇게 함부로 생각하지 않겠습니까? 그러자 서울에서 난리 아닌 난리가 났어요. 국난의 위기를 실감한 대원군이 전봉준에게 편지를 썼다지요. "동학농민군 말고는 이 나라를 일본의 침략에서 구할 사람이 없다. 동학농민군이 와야만 일본군과 대적을 하든 말든, 무슨 방법이 있을 것이다. 하루바삐 서울로 올라와서 나라를 구해주오." 이런 내용이었을 것입니다. 과거에 전봉준은 대원군의 문객(門客) 노릇을 한 적이 있었답니다. 서로 구면이었던 거지요. 나중에 전봉준이 체포되었을 때, 일본인들은 전봉준에게 대원군과의 관계를 자세히 밝히라고 요구했어요. 그러나 전봉준은 결정적인 증언을 거부했어요. 그는 마지막까지 대원군을 보호했던 것입니다.

만약 우리가 전봉준이라면 어떻게 해야 했을까요? 참으로 난감한 일이었을 것입니다. 그러나 전봉준은 서울로 올라가기를 결정했지요. 구국의 일념을 가진 이였으니까요. 그럼 서울에 올라가면 일본군을 이길 전망이 있었을까요? 이길 확률은 희박했습니다. 하지만 서울로 가야했습니다. 왜요? 그것이 '보국안민'을 위한 길이었으니까요. 그냥 앉아서 죽느니 차라리 서서 싸우다 죽어야 보국안민이지요. 나라의 운명에 대해서 스스로 책임을 져야 주인이지요.

"부패한 서울의 권력자들, 한없이 무능한 시골의 불한당 같은 양반들. 이 사람들한테 나라를 맡기니까 이 모양 이 꼴이 되고 만 것인데, 비록 서울로 올라가서 일본을 축출할 수 없다 해도 나라의 운명을 외면할 수는 없는 것이다. 자, 우리 이제 서울로 가자."

전봉준의 심정은 비장하기 짝이 없었을 것입니다. 동료들이 물었겠지요. "그럼 언제 갈까요?" "우선 짓던 농사일을 대강 끝내놓고 올라가자!" 그래서 그해 음력 9월이 되자 그들은 움직였어요. 전봉준의 목소리가 제 귓가에 들려오는 것만 같아요.

"여러분 농군들아, 그 댁에 올해 농사는 마무리되었지? 그럼 이제 다 모여들 보게나. 이제 우리는 죽음을 각오하고 일본군을 축출

해야 한다. 살러 가는 길이 아닐 것이다. 나라를 위해, 자손을 위해 죽으러 가는 길이 될 것이다. 자, 우리 모두 팔을 걷어붙이고 죽으러 나가자. 나라가 우리의 목숨을 원하고 있다."

전봉준이 일본군과 싸워서 이길 가능성을 믿고 먼 길을 떠나지 않았을 거라고, 저는 생각합니다. 이길 가능성이 실낱같았으나 그는 시대의 부름을 외면하지 않았다고 생각해요. 비극적 상황이 다가옴을 예감하며 차마 떨어지지 않는 발길을 재촉했다고 봅니다.

그때 만약 제가 전라도 어느 고을의 농부였으면 전봉준의 부름에 다음과 같이 대답했을지도 모릅니다. "봉준 형님, 잘 알겠는데요, 제 어머니의 연세가 많아서 제가 집을 비우지 못합니다. 이번에는 빼주십시오. 내년에나 함께할게요."

그러나 우리의 동학농민군은 저와는 다른 사람들이었나 봅니다. 그들은 모든 것을 뒤로 미룬 채 운명의 부름에 응했어요. 정말 많은 사람들이 모였어요. 정확한 숫자는 어디서도 확인할 방법이 없어요. 족히 만 명이 넘었다고 짐작됩니다. 죽으러 가는 길이 되고 말 것인데도 이렇게 많은 사람들이 나섰다는 사실이 참으로 장하지 않습니까?

서울에 있던 일본군은 동학농민군을 몰살시키려고 남으로 내려갔습니다. 한심하기 짝이 없는 조선의 관군들도 함께 길을 떠났답니다. 그들이 움직이는 속도는 빨랐습니다. 전라도를 막 벗어나면 곧 공주가 나옵니다. 충청도 공주지요. 그곳에 우금치(牛禁峙)라는 고개가 있어요. 여기서 두 진영이 부딪쳤어요. 동학농민군이 최선을 다해 싸웠으나, 기울어진 운동장과 같았어요.

일본군은 후방의 예비 병력이었어요. 그래도 동학농민군에 비하면 '기계화 부대'나 다름없었어요. 게다가 그들은 오래전에 세이난 전쟁에서 일본의 사무라이들과 싸운 경험을 갖고 있었기에 전통적인 진법 같은 것에 대처할 줄 알았어요. 그렇게 노련한 일본군이 기관총을 쏘며 동학군을 상대했어요.

동학농민군은 과연 무엇으로 이런 일본군을 무찌른다는 말씀입니까? 동학농민군에게도 재래식 대포가 몇 개쯤은 있었고 조총도 가지고 있었어요. 그러나 대부분의 동학농민군은 낫이나 죽창 같은 것밖에 사용할 줄 아는 무기가 없었지요. 설사 우르르 죽창을 던진다 한들 고성능 근대식 무기로 무장된 일본군의 코앞에 닿겠어요? 특히 개틀링 기관포가 문제였어요. 1분에 200발 정도를 발사하는 기관포를 무슨 수로 당하겠어요? 어림없는 일이었지요. 일본군은 수백 미터 떨어진 곳에서도 얼마든지 조준 사격을 할 수가 있었어요.

그런데요, 일이 그처럼 동학농민군에게 불리하게 돌아갈 때였어요. 여태까지 동학농민군의 군사 활동을 반대하던 해월 최시형도 동학농민군에 합세했습니다. "이제 여기서 그만둘 수 없다. 우리 다 같이 함께하자" 하는 용단이었어요. 동학농민군의 사기가 일시 높아졌고 숫자도 크게 불어났다지요. 전라도에서 올라온 전봉준의 동학농민군이 주력이라면, 10만을 헤아리는 충청도·경상도·강원도 등 각지의 동학농민군이 든든한 연합군이었던 셈이었어요. 동학농민운동은 어느 한 지역만의 운동이 아니라, 거국적인 운동이었다는 말씀입니다.

공주 우금치에 나타난 일본군은 모두 몇 명이나 되었을까요? 우리로서는 상상도 못 할 소수였어요. 겨우 200명 남짓이었답니다. 소수의 일본군이 백 배도 넘는 숫자의 동학농민군을 상대로 살육을 벌인 것이었어요. 무기의 차이란 실로 무서운 것입니다. 정예부대가 수백 명만 있어도 민간인 수만 명쯤은 쉽게 제압할 수가 있는 법입니다.

잠깐 지금의 일본에 관해 이야기해볼게요. 최근 일본 수상 아베란 치가 일본을 '정상국가'로 만들겠다며 소란을 피우는 모습이 눈앞에 떠오릅니다. 일본이 재무장하겠다는 것은 '평화헌법'을 폐기하고 전쟁을 하는 나라로 다시 태어나겠다는 이야기입니다. 일본의 '평화헌법'은 아주 특이하게도 흥미로운 논란거리를 가져오지요. 현재의 일본 왕실은 이 헌법을 그대로 유지하자는 주장을 해요. 깊은 속생각은 알 수 없으나, 겉으로는 분명히 그렇게 말하고 있어요. 그러나 아베 수상은 헌법을 반드시 바꿔서 정상적으로 무력을 사용하는 나라로 다시 되돌아가겠다는 거지요.

만약 아베의 주장대로 헌법이 바뀌면 어떻게 되는지 아시죠? 한국과 같은 이웃나라에서 발생한 어떤 사건이 일본의 국익에 큰 영향을 줄 수 있다고 판단하면, 일본군은 국경을 벗어나서 한반도로 출동할 수 있다는 뜻이지요. 구체적으로 말해, 한반도에 전쟁이 일어나기라도 하면 일본군은 적극 군사개입을 하겠다는 것으로 해석되지요. 좋은 말로 일본군이 한국군을 도와서 북한군과 싸우겠다는 뜻이 되는 거고요. 적나라하게 표현하면, 일본이 문제의 근원적 해결을 위해 한국을 다시 식민지화하겠다는 뜻이 될 수도 있겠죠. 어쨌든 이 나라를 일본의 꼭두각시로 삼겠다는 꿈도 가지고 있는 것 같아요.

불행하게도 그건 아마 가능할지도 몰라요. 현재도 일본의 자위대는 한국군보다 훨씬 풍부한 예산을 사용하고 있어요. 일본군과 대적할 군대는 이 세상에 독일군 정도가 있을 뿐이라는 글을 어디선가 읽은 적이 있어요. 끔찍한 일입니다.

일본군이 동학농민군을 무참히 짓밟은 비극, 그 출발점이 무엇이었습니까? 제가 학교 다닐 때 교과서에서는 동학농민군이 일어난 바람에 외세가 개입했다고 배웠어요. 동학농민군 때문에 청일전쟁이 일어났다고도 가르쳤지요? 제가 보기에는 앞뒤가 바뀐 말이었지요. 화근은 고종에게 있었어요. 그런 사실을 똑똑히 기억해야 해요. 고종과 그 측근이 청나라에 군대를 요청했기 때문에 문제가 일어난 것입니다.

외세를 빌렸기 때문에 여러 가지 비극이 연출되었어요. 동학농민군이 진압된 뒤에도 또 한 번의 참극이 있었어요. 1895년이었지요. 일본은 조선의 궁궐로 자객을 들여보내 명성황후를 비열하고 비인간적인 방법으로 제거했어요. '여우사냥'이라는 작전 명칭이 붙은 테러였습니다. 애초 고종이 크게 잘못했던 것입니다. 나라 안의 문제를 해결하는 데 어째서 외세를 끌어들인다는 말씀입니까?

우금치에서 동학농민군을 물리친 일본군은 관군을 사냥개처럼 이리저리 끌고 다니면서 전국을 이 잡듯 뒤졌어요. 어떤 분의 주장에 따르면, 적게는 수만 명에서 많게는 30만 명쯤을 살해했다고 합니다. 모두 동학과 관련이 있는 선량한 백성이었지요. 쓸 만한 조선 사람은 그때 다 죽었다고 할 수 있을 정도였어요. 일본군은 왜 이렇게 많은 사람을 죽였을까요? 이미 동학농민군의 주력인 전봉준의 부대가 다 흩어졌는데 말입니다.

일본은 동학농민군뿐 아니라 조선을 집어삼키고야 말 생각이었어요. 그래서 장차 한반도 안에서 일본의 지배에 저항할 세력을 아예 씨앗까지도 없앨 작정이었지요. 조선 안에서 외세에 저항할 정도의 독자적인 세력이라면 동학농민군이 가장 유력했겠지요. 그런 이유로 일본군은 관군에게 협력을 강요하며 마을마다 찾아다니며 미래의 적을 일일이 제거했었어요.

이후 조선에는 무력으로 저항할 세력이 크게 약화되었어요. 1910년 저들이 강제로 나라를 병탄했을 적에 우리는 너무 쉽게 무너졌어요. 그때부터 일본은 우리를 쉬운 상대로 여겼어요. 조선을 얼마나 무시했으면, 제2차 세계대전 때 10만 명도 넘는 여성을 '위안부'라는 이름으로 끌고 가서 성노예로 부려먹었을까요? 수십만 명의 한국 사람들을 징용으로 동원하고, 또 수만 명을 전쟁터로 끌고 가서 총알받이로 삼았습니다.

청일전쟁이 싱겁게 끝나 일본이 동아시아의 최강자로 공인되자, 조선 왕실의 운명은 바람 앞의 등불처럼 꺼질락 말락 한 상태가 되었어요. 그런데 얼마 뒤에 고종은 스스로 황제를 칭했고, '대한제국'을 선포했습니다. 어떤 이는 그 일을 높이 평가합니다만, 과연 그렇게 호의적으로 보아도 좋은 것일까요? 누가 봐도 식민지나 다름없이 되어버린 나라가 감히 황제라느니, 제국이라고 주장을 하면 무엇이 바뀔까요?

대한제국의 황제 즉위식이 거행될 때 고종은 서울에 와 있던 각국의 외교사절을 잔치에 초대했습니다. 그러자 아무도 오지 않겠다고 했대요. "너희가 무슨 황제 나라냐? 엉터리 즉위식에는 손님이 갈 수 없다.' 이런 거였지요. 결국 이 행사는 형식을 완전히 바꾸어 성사되었대요. "이른바 제국의 황제 즉위식이란 것을 외교적으로 인정하지 않는다는 이상한 조건 아래 축하하러 간다." 사실대로 말하면, 고종은 백성을 상대로 사기극을 벌인 것입니다.

저는 고종을 한 사람의 인간으로서, 그의 됨됨이를 대단하지 않다고 생각해요. 1895년에 자신이 평생 정치적 동반자로 여겼던 부인 명성황후가, 사실상 자기가 보는 앞에서 일본사람들에게 붙들려 죽은 셈이었습니다. 이럴 때 의지가 굳은 인간이라면 어떻게 해야 한다고 보십니까? 자신의 목숨을 구걸해야 한다고는 생각하지 않으실 테지요. 나라 안에서는 명성황후가 불의의 변을 당하자 의병이 일어났잖아요. 그러나 고종이 한 일은 대체 무엇이었습니까? 그 얼마 뒤 고종은 러시아 공사관으로 숨었어요. 역사에서 '아관파천(俄館播遷, 러시아 공사관으로 왕이 거처를 옮김)'이라는 사건이었지요. 비겁하고 배신적인 행위가 아니었나 묻고 싶어요.

아직도 고종에게 미련을 가진 사람들이 더러 있습니다. 제가 보기에는 이완용이나 고종이나 큰 차이가 없어 보입니다. 그 사람들이 나라를 팔아먹은 것이지요. 우리는 망국에 대한 왕실의 준엄한 책임을 물어야 할 것입니다.

청일전쟁 이후 고종과 명성황후는 러시아에게 손을 내밀었어요. 일본, 청나라에 이어 이번에는 러시아에 나라의 운명을 구걸할 생각이었던 거지요. 일본은 바로 그 점을 염려해서 명성황후를 살해한 것이고요. 러시아든 일본이든, 우리 입장에서 따지고 보면 다 마찬가지 아닌가요? 그들은 이 나라를 집어삼킬 야욕에 불타는 열강이었을 뿐입니다. 도대체 외세에 의존해 제 나라를 지킨다는 것이 어떻게 가능한 것일까요? 지금도 마찬가지일 것입니다. 미국이든 또 다른 어느 나라든, 그들이 한국을 지키려고 피 흘려 싸우기를 기대해서는 곤란할 것입니다. 궁극적으로, 어느 나라든지 제 나라의 이익을 위해 싸우는 법입니다. 친하게 지내는 것은 좋으나 너무 의존해서는 나라를 망하게 하고 맙니다.

조선의 '정상적인' 부패관리 조병갑

아직도 많은 사람들이 이렇게 말해요. "조병갑 때문에 이렇게 되고 말았다!" 애초에 고부에서 민란이 일어난 것은 전봉준이 고을 사람들과 함께 일어났기 때문인데, 그것은 결국 조병갑이란 탐관오리가 문제를 일으켜서 그랬다는 것이지요. 많은 사람이 그런 말을 합니다. 하지만 꼭 맞는 설명은 아닌 것 같아요.

제가 쓴 다른 글에도 얘기를 했습니다만, 조병갑은 당시 수준에서는 그저 고만고만하게 부패한 관리였습니다. 말이 좀 이상하지만, '정상적인' 부패관리였어요. 이렇게 말씀드리면 기절할지도 모르겠는데요, 조병갑은 '모범적이기조차 한 부패관리'였다고 생각해요.

말이 이상하지요? 부패했으면 부패했다고 해야지. 모범이란 당치도 않다고 반론을 펴겠지요. 도대체 '모범'이란 말이 조병갑과 어울리는 말인가를 되물을 독자들이 적지 않을 것 같아요. 침착하게, 조용히 설명할게요. 조병갑은 고부군수로 임명되기 전에 이미 여러 곳에서 벼슬을 했어요. 가령 충청도 천안에서도 군수를 했고, 경상도 함양에서도 군수를 지냈어요. 여러 군데서 지방관으로 근무했다는 말씀입니다. 그는 가는 곳마다 근무 성적이 아주 좋았어요. 성적을 가지고 말하면 그는 모범이었죠. 조병갑의 근무 성적이 아주 좋았다는 말씀입니다.

19세기 후반, 조선 사회의 기준으로 말하면 그는 심각하게 부패한 관리가 아니었어요. 정말 기절할 일이 아닌가요? 정확하게 말해, 조병갑이 정치를 아주 잘했다고 해서 '선정비(善政碑)'를 세운 고을도 있었어요. 그런 비석이 버젓이 서 있습니다. 경상남도 함양에 가면 조병갑의 선정비가 있는데요, 어떤 사람들이 수년 전에 그 선정비를 깨부수려고 했어요. 그러자 함양 사람들이 깨지 못하게 말렸습니다. "흩어진 백성을 편안하게 했고, 봉급을 털어 관청을 고쳤으며, 세금을 감해주었다. 군수는 마음이 곧고 정사에 엄했으므로 착한 정치를 기리기 위해" 비석을 세웠다고 해요. 이 비석을 어떻게 할지를 두고 지역 사람들이 논란을 벌였으나 그 비석은 결국 그대로 남겨두기로 했다는 신문기사를 읽은 기억이 아직도 선명합니다.

그뿐이 아니지요. 조병갑이 고부에서 군수 노릇하면서 백성들한테 돈을 모아서 그 돈으로 자기 아버지를 위해 옆 고을인 태인현에 비석을 세웠답니다. 그 아버지 조규순이 태인현감을 지냈거든요. 아버지가 태인에서 정치를 잘했다는 비석을 아들인 조병갑이 세웠단 말이에요. 그 비석이 아직도 태인에 있어요. 태인 사람들이 그걸 없애지 않았어요. 아직도 세워놓고 있단 말이에요. "아, 그 양반이 정치를 잘했어!" 이런 거지요.

솔직히 말해, 저는 이 나라의 정체가 무엇인지 정말 궁금할 때가 있어요. 한편으로 조선총독부 건물도 모두 뜯어내버리기도 하는데, 누구나 다 아는 만고의 역적쯤 되는 조병갑을 기념하는 선정비를, 그가 자기 아버지를 위해 만들어놓은 선정비 같은 것을 그대로 간직하고 있어요. 그것도 말이지요, 역사적 유물이니까 보호한다는 차원이 아니잖아요. 선정을 베풀었으니까 그 비석을 깰 수 없다는 주장이 어딘가 숨어 있거든요. 대한민국, 정말 멋집니다!

그럼 멀쩡한 모범관리 조병갑이 고부에 가서 갑자기 실수를 한 것일까요? 제가 사실을 다 말씀드리면, 어떤 분은 복장이 터질지도 몰라요. 조병갑은 고부 사건 때문에 일시 벼슬자리에서 쫓겨났어요. 그러나 그게 끝이 아니었어요. 다시 관직에 복귀했어요. 승승장구했지요. 그래서 말이지요, 해월 최시형이 동지의 밀고로 관헌에 체포되어 사형을 당하게 되었는데, 그 사형 판결을 내린 판사 중에 한 사람이 바로 조병갑이었어요. 동학과 조병갑의 악연은 이처럼 끝없이 이어졌어요. 동학의 2대 교주가 조병갑의 손에 죽다니요. 정말 어처구니가 없네요.

그런데 말이에요, 조선의 위정자들이 보았을 때 조병갑의 부패는 그리 대단하지 않았던 것입니다. 당시의 허다한 탐관오리들의 눈높이로 평가하면요, "당신은 재수 없어서 당한 거야"라고 오히려 동정하는 견해가 있었던 것 같아요. 그때도 지금도 우리나라는 부패지수가 높은 나라입니다. 정말 화가 납니다. 과연 현대 한국 사회가 조병갑을 비판할 자격이 있는지, 궁금하게 생각될 때도 적지 않아요. 조병갑보다 더 심한 부정부패를 저지르는 이들이 훨씬 많은 것 같거든요. 연전에 '흙수저'니 '금수저'니 하는 '수저론'이 나온 것도 우연이 아닐 것입니다.

제 말씀의 요점은 조병갑이 1894년 동학농민운동의 핵심적인 문제가 아니라는 말이지요. 제가 조병갑에게 면죄부를 주려는 게 아닙니다. 그때는 그 정도의 부정부패는 기본이었다는 말씀을 하고 싶어요. 사실은 그것이 많은 사람들을 좌절시킨 거였어요.

고종이 왕위에 올라 30년 동안 나라를 다스리는 동안 민란이 60건도 더 일어났어요. 한 해 평균 두 건씩은 터졌단 말이에요. 해마다 어디선가는 난리가 일어나고 있었어요. 부패가 만연해 있었어요. 조선이 이미 깊숙이 썩어 있었다는 말입니다. 그러니까 전라도 각처의 동학농민들이 호응했지요. 조병갑만 문제라면 사건이 확대될 가능성이 거의 없었지요.

무분별한 개방정책

사태를 악화시킨 것은 고종의 무분별한 개방정책이었어요. 조정에서는 개화정책을 표방하며 외국과 조약을 맺어 통상을 확대하려했어요. 겉으로 보기에는 당연한 정책이요, 도리어 너무 늦었다는 아쉬움이 있지요. 서양 여러 나라와 서로 문호를 개방하고, 그들이 생산하는 품질 좋고 값싼 물건을 조선이 수입하고, 조선이 만든 좋은 물건을 그들에게 팔 수 있다면 잘된 일이지요. 게다가 서로 친선을 유지하며 평화롭게 지내면서 상대국의 문화를 배워 생활의 질적 수준을 높이면 얼마나 좋아요?

그런데요, 이게 겉만 그럴듯했어요. 아무런 실속이 없었다는 데 문제가 있었어요. 서구 열강과 일본은 조선 사람들에게 팔 물건이 많았어요. 거기서 값싸고 품질 좋은 물건이 마구 들어오면 조선의 농민들은 어떻게 될까요? 한마디로 망하는 거였지요. 우리가 내다가 팔 물건은 없는데 사 올 물건만 많았으니까요. 게다가 고종은 개화정책을 추진한다면서, 이런저런 이유로 지출이 늘어나게 되어 자금이 많이 부족했어요. 누군가 조정의 금고를 채워놓아야 했어요. 백성들에게서 세금을 더 많이 징수해야 되는 상황이었다는 말씀이지요. 백성의 대다수는 농민이었으니까, 죽어나는 것은 농민이었어요.

고종의 개방정책은 그것 자체만으로도 농민들에게 직격탄이나 다름없었어요. 왜냐고요? 19세기 말, 외국에서 들어오는 수입품의 대부분은 값싼 면직물이었어요. 조선의 옷감은 상대적으로 가격이 비쌌어요. 손으로 만들었으니까요. 그에 비해 당시 영국에서는 기계로 생산했지요. 그것도 아이들이나 여성들에게 형편없는 저임금을 지급하며 생산했기 때문에 저렴한 거였어요. 그런 싸구려 물건을 큰 배로 한꺼번에 실어왔으니까 가격 경쟁력이 높았다는 말씀이지요.

이런 옷감이 조선 각지에 널리 깔렸으니, 누구나 싼값에 옷감을 구할 수 있어서 다행이라고요? 아마도 고종과 그 측근은 그렇게 말하고 싶었을 테지요. 그러나 농촌의 현실은 그런 게 아니었어요. 조선에서는 대개의 가정에서 없는 살림을 보태는 방법이 바로 면직물을 생산하는 부업이었어요. 조선의 할머니와 어머니는 하루 종일 베틀에 앉아서 짤그락 소리를 내며 땀 흘려 베를 짰다는 말씀이지요. 그런데 이렇게 베를 짜봤자 팔지 못할 형편이 되고 말았어요. 가격이 안 맞아서 조선의 농가 부업이 파탄 나고 말았어요.

더 심각한 문제가 또 있었지요. 그나마 좀 넉넉하게 생산하는 것이 있었다면 먹거리였죠. 쌀과 콩이 대표적이었어요. 한데 조선의 쌀과 콩은 일본보다 가격이 쌌어요. 일본에 비하면 조선의 물가가

낮았으니까요. 그러자 일본 상인들이 조선에 와서 마구잡이로 콩과 쌀을 사 갔어요. 조선에는 먹을 콩과 쌀이 부족해졌어요. 부자가 먹을 것은 충분했으나, 평범한 농민들이 먹고 살 식량이 부족해졌어요.

좋은 말로 하면, 서구 열강, 일본과 청나라와 무역을 하게 되어 조선에 없는 것은 저들에게 구입하면 되었고. 조선에서 쓰고 남은 것은 저들에게 수출하면 서로에게 참 좋은 일 같았지요. 실상은 딴판이었어요. 저들은 이익을 보았고, 조선은 쪽박을 차게 되었어요. 경제 사정이 더 나빠졌는데도 조정에서 걷어 갈 세금은 더 올랐어요. 농민들은 견딜 수가 없을 지경이었어요.

그럼에도 불구하고 지금 학교에서 배우는 역사교과서에는 무엇이든 개방정책은 좋다는 식으로 서술되어 있어요. '개화'도 좋은 것이요, 외국과의 무역은 항상 좋은 것이라는 주장이 곳곳에 널려 있어요. 외국과 무역을 하지 말자고 하면 수구적이라거나 보수적이라는 비판을 받게 됩니다. 지금도 마찬가지죠. 가령 자유무역협정(FTA)은 언제나 세계사의 큰 흐름이니까 찬성해야 되는 것으로 못 박고 있어요. 정말 문을 열기만 하면 다 좋은 것인가요? 찬찬히 잘 생각해봐야죠.

고종의 개방정책은 정교하지도 못했고, 국가에 이익이 되기는커녕 많은 혼란을 불러일으켰어요. 그런데도 유지가 되었어요. 왜 그랬겠어요? 거기서도 이익을 보는 사람들이 있었기 때문이죠. 서울에 있는 극소수 권력자들이었지요. 고종을 포함한 권력자들 말이에요. 그들은 서구 문명의 이런저런 혜택도 누리고 나쁠 게 없었어요. 지방의 대지주들도 큰 이익을 보았어요.

조금만 설명을 보탤게요. 이해를 돕기 위해서 말이지요. 고종은 외국 사람들한테 이권을 팔았어요. 가령 금광을 개발하려는 미국 사람들에게 권리를 주고 대가를 요구하는 식이었어요. 철도를 놓더라도 마찬가지였지요. 허락해줄 테니까 얼마의 성의를 보이라는 식이었어요. 왕은 가만히 앉아서 상당한 거금을 손에 쥘 수 있어서 좋았지요. 대신들도 마찬가지였어요. 후진국의 정치가들은 지금도 국가의 자원을 팔아서 개인의 사복을 채웁니다.

시골의 양반 지주들도 특수 이익을 누릴 수 있었어요. 나라의 문호가 개방되자 쌀이나 콩을 많이 수출하게 된 것은 남부지방이었어요. 생산량이 풍부한 데다 그것을 수입할 일본과도 거리가 가깝기 때문이었죠. 전라도 해안에 살던 대지주들이 그런 개방정책을 적극 환영했어요. 그들은 엄청난 현금을 손에 쥐었어요. 그들 가운데 나름 잇속에 밝았던 몇몇 지주들은 돈벼락을 맞았다고 해도 좋을 정도였어요. 당시로서 그들의 무역 행위는 합법적인 것이었어요.

제가 잘 아는 어느 지주 집안의 치부 과정을 간단히 말해보지요. 1870년대까지는 조선의 쌀 시장이 일본에 개방되지 않았어요. 그때 그 집안은 논을 200마지기(4만 평) 정도 소유했습니다. 그런데 시장이 개방되자 수지가 좋아졌고, 이익금을 투자해서 논을 더 사들였어요. 1908년경 이 집안의 논만 해도 8만 마지기로 늘어났어요. 줄잡아서 400배가 늘었던 것이죠. 30년 만에 재산이 줄잡아서

400배가 늘었어요. 조선시대 같으면 이런 일이 전혀 불가능했지요.

불법은 아니었어요. 조정에서 그런 개방정책을 추구했으니까요. 하지만 이야말로 이익을 맹목적으로 추구한 결과였어요. 한 대지주 가문의 탄생이 그 가족들에게는 축복이었겠지요. 그러나 많은 농민들의 아픔을 의미하는 일대 사건이었어요. 그런 일들이 여러 곳에서 일어났어요. 1894년 동학농민운동이 일어나게 된 또 하나의 배경이었지요. 참고로 1880년대에는 콩의 수출이 많았고, 1890년대에 들어서자 쌀 수출량이 눈덩이처럼 불어났습니다.

이 장의 서두에서 제가 말씀했지요. 동학농민들에게 제일 중요한 문제는 정의의 실천이었다고요. 경제적 정의를 구현하여 새로운 경제공동체를 건설하는 꿈, 이것이 동학농민운동의 진정한 목표였어요. 그런데 시장이 개방됨으로써 그런 꿈은 물거품이 되고 말았던 것이죠. 이제 제 설명이 귀에 잘 들어오지요? 어떤 사람은 한 세대만에 400배로 재산을 불렸어요. 그러는 사이에 주린 배를 안고 눈물을 흘린 사람이 수십 배, 수백 배가 늘어났어요. 이것이 사소한 문제였습니까?

동학농민운동을 일으킨 동학농민들이, "서울로 올라가서 권귀(權貴)들을 잡아죽이겠다"고 다짐한 이유를 이해하시겠지요? 또, "각 지방에 사는 횡포한 양반 지주를 철저하게 벌을 주겠다"고 별렀던 것도 구체적인 이유가 있었던 것입니다. 동학농민운동이 본격적으로 시작된 이유는, 바깥으로부터 불어오는 불공정한 무역거래의 구조를 제공한 서구 열강과 일본 및 중국의 제국주의에 대한 반감에서 비롯되었어요. 아울러, 안에서 그런 침략적 제국주의 노선에 동참해서 많은 사회악을 저지른 기득권층의 잘못을 바로잡으려 한 것이지요. 그 사람들을 응징하지 않고서는 이 땅에 어떤 사회 정의도, 경제 정의도 구현할 수가 없었습니다. 동학농민들은 자신들이 왜 목숨을 걸어야 하는지를 정확히 이해했다고 봅니다.

그들이 주장했던 '보국안민'은 결코 내용이 없는 허무한 구호가 아니었어요. 실제로 그런 목적이 있었다는 말씀이죠. 안과 밖으로 이어진 제국주의의 고리를 반드시 끊어놓아야만, 그리고 그런 악질적 구조로 인해 더욱 악화되었던 빈익빈 부익부의 양극화를 막아야 되었던 것입니다. 문제의 핵심에 있는 소수의 인간들의 행위를 정지시키지 않고는 도저히 정의로운 사회를 만들 수 없었어요. 때문에 동학농민들이 일어났어요.

동학농민들이 결코 싸우기를 좋아해서 난리를 일으킨 것은 아니었어요. 그런 점에서 저는 동학농민운동 때 나타난 또 다른 깃발의 의미도 분명히 이해할 수 있다고 생각해요. '척왜양창의(斥倭洋倡義)'예요. 일본과 서구 열강을 물리친다는 거였어요. 일본이 먼저 언급되었어요. 왜냐면 그들이 조선의 농민에게 직접적으로 많은 피해를 주었으니까요. 그 일본이나 서구 열강의 성격은 겉으로만 우호적이었지요. 평화적인 방식의 상거래를 앞세우고 있었지만 실제로는 제국주의적 침략을 일삼았잖아요. 동학농민들은 사태의 본질을 정확히 꿰뚫고 있었어요. 그래서 그 일본과 서구 열강이 추구하고 있는 제국주의 노선을 우리가 파기할 때만, '창의'가 된다는 거죠. 정의를 실천한다는 말씀입니다.

제3강에서 가장 중요한 것이 정의라고 말씀드린 까닭은 바로 이 때문입니다. 정의를 실천하려면 제국주의를 추방해야만 된다는 거지요. 조선 사회의 붕괴를 원격조종하고 있는 외세의 침략주의, 그들의 약탈을 중지시켜야만 우리끼리 무슨 문제든지 풀어나갈 수 있다는 생각이었어요. 문제의 화근을 도려낸 다음, 우리는 삶의 '프레임'을 다시 짜야 된다는 각오를 다졌던 것이라고 해석하고 싶어요.

"장차는 국제질서도 우리 손으로 재편해야 된다. 그 국제질서를 짤 때도 외세를 빌려서 하는 것이 아니라, 우리 힘으로 나쁜 체제를 없애야 된다." 그런 외침을 크게 떨쳤다는 점에서 동학농민운동의 의미는 과거에 국한되지 않는다고 생각해요. 저는 결코 청년 여러분을 선동하려는 것이 아닙니다. 불온한 사상을 주입하려는 것은 더더욱 아니지요. 우리는 끝까지 자주와 평화의 길을 가야 함을 잊지 말아야겠습니다.

냉정하게 뒤를 돌아보자고요. 1894년에서 120년도 더 지난 지금, 그때 동학농민군이 주장했던 '척왜양창의'라는 구호가 이미 쓸데없이 낡았으면 얼마나 좋겠습니까? 그런데요, 오늘날에도 그 구호는 거의 그대로 유용하다는 생각이 들지 않아요? 누구나 알다시피 지금의 우리나라는 경제협력개발기구(OECD) 회원국 가운데서 비정규직 비율이 가장 높아요. 이런 이야기는 너무 많이 들어서 이제 신물이 날 정도입니다. 그럼에도 불구하고, 정부의 고위관리들은 아무런 해법을 내놓지 못해요. 도리어 정규직을 더욱 멋대로 해고할 수 있는 방법을 열어야 기업의 숨통이 트이게 되고, 그래야 경제가 활성화된다고 해요. 그렇게 말하는 기업가와 정치가들이 넘쳐납니다.

이 나라의 기업가들은 법에 명시된 상속세도 꼬박꼬박 내지 않아요. 부자는 감세가 기본입니다. 그리고 그 이유라는 것이 경제를 활성화시키기 위해서래요. 그러면서 시민들한테서는 계속 더 많은 세금을 받아갑니다. 정권이 바뀌어도 거의 아무런 차이가 없어요. 이런 지금의 상황은 19세기 말의 조선 형편과 근본적으로 얼마나 다른 것입니까?

심지어 정부가 운영하는 각종 기금을 자유롭게 주식에 투자하도록 해야겠다고 벼르는 판국입니다. 그뿐이 아니지요. 가끔씩 되풀이되는 이해할 수 없는 조치들도 있어요. 가령 주식에 투자해서 발생하는 손익의 비율도 너무 제한돼 있으니까, 그것도 규제를 풀어서 한꺼번에 돈을 많이 벌 수 있게 해야 증권시장이 활기를 띤다고 하던가요? 이런 조치들은 일반 시민들을 위한 것이 아니지요. 몽땅 부자들을 위한 것입니다.

제가 이 강의에서 유독 강조한 점은 한 가지입니다. 왜곡된 사회경제적 구조를 동학농민들은 더 이상 참을 수가 없었다는 사실이지요. 그런 문제들을 외면한 채 제아무리 "당신이 하늘이요. 내가 하늘이요" 해봤자 세상이 조금이라도 좋아질 수가 없다는 점을 그들은 분명히 알고 있었어요.

전봉준 등은 그들의 삶을 멋대로 옥죄었던 생존의 조건 자체를 뜯어고치기 위한 운동을 시작한 거였어요. 동학이란 것은 철두철미하게 행동적인 성격을 띠어요. 동학은 믿는다, 안 믿는다 식으로 말하지 않는답니다. 동학은 하면 하는 것이고, 안 하면 하지 않는 것이었어요. 동학은 실천이었던 것입니다.

소농 중심의 사회를 위하여

동학농민운동의 출발점은 조선의 사회적 현실이었어요. 우리 사회의 근본적인 성격에서 비롯된 것이었어요. 한마디로 말해, 저는 지금 소농 중심의 사회였다는 점을 말하고 있어요. 조선은 소농 중심이었다! 중국과 일본은 물론이고, 서구 사회에도 수적으로는 소농이 물론 많았어요. 어디든지 소농이 많았으나, 다른 나라는 '소농 중심 사회'라고는 말할 수가 없어요. 단순히 수적으로 소농이 많다 해서 소농 중심이 되는 것은 결코 아녜요.

어디를 가든지 돈 많은 부자가 많을 리가 있습니까? 가난한 사람이 어디나 당연히 많죠. 기득권층으로 분류되지 않는 일반 시민이 수적으로 많다고 해서 자동적으로 '시민사회'가 되는 것이 아니죠. 단순히 숫자가 많기로 하면 노비가 더 많을 때도 있었지만, 그렇다 해서 노비가 그 사회의 중심이라고 볼 수 있을까요? 절대 그렇지 않아요.

'소농 중심 사회'라고 하는 것은 무엇인가요? 소농이 자의식을 가지고 한 사회의 중심에 우뚝 서서 기능을 수행했다는 뜻입니다. 조선 사회에서는 농촌을 움직이는 주체가 바로 소농이었다는 말씀입니다. 지주가 농촌에 함께 살고 있었지만 지주가 소농을 지배하고 장악하는 힘이 상대적으로 약했다고 봐요. 다른 나라에 비하면 지주의 영향력이 굉장히 약했다는 사실에 주목해야 해요.

조선 사회에서는 소농들이 자기들의 독자적인 조직을 가지고 있었다는 사실을 강조하고 싶어요. 그들은 '동중(洞中)'이라는 자신들의 마을 조직을 이용해, 국가를 상대로 힘겨루기를 할 수가 있었어요. 이 점이 19세기 후반의 동학농민운동을 이해하는 데 핵심적인 것이라고 생각해요.

과연 언제부터 소농이 조선 사회에서 발언권을 가졌던가요? 늘 그랬던 것이 아닙니다. 18세기부터였다고 말씀드리고 싶어요. 한국사의 긴 흐름 속에서 소농이 중심으로 떠올랐다는 사실을 증명하는 증거가 있냐고 묻고 싶을 것입니다. 당연히 증거가 있어요. 18세기부터는 소농들의 조직이었던 '동중'이 마을의 핵심 조직이 되었다는 말씀입니다. 마을의 책임자가 '동중'이나 '하계(下契, 소농들의 계 조직)'에서 나왔어요. 그들이 마을을 이끄는 조직이 되었다고요. 소농들의 조직을 통해 마을 사람들이 공동으로 세금을 납부한다든가, 공동으로 치안을 유지한다든가, 공동으로 공적인 노동을 한다든가, 공동으로 국가 폭력에 대항한다든가 하는 모습을 보였다는 점이 매우 중요합니다.

제가 공부한 바로는 18세기 후반에서 19세기 전반까지 100년 동안 그런 변화가 집중적으로 일어났어요. 그런 점에서 그 시기야 말로 역사적 전환기였다고 선언하고 싶을 정도였어요. 그때 소농이 이 나라의 정치를 장악하지는 못했지요. 중앙권력은 여전히 양반들의 수중에 있었단 말이지요. 하지만 시골 사회에서, 특히 삶의 터전에서는 소농의 목소리가 커졌어요. 소농은 자기들끼리 모여 요샛말로 민주적인 방식으로 우두머리를 뽑았어요. 그들은 자기들의 민주적인 방식으로 일꾼을 선출했고요. 그들은 서로서로 상의하고 토론하며 농사의 계획을 만들었고, 일과 책임을 분배했다는 겁니다. 서로 도와가면서 살 궁리를 함께한 것이지요.

바로 그런 맥락에서, 우리는 소농들이 생업에 함께 종사하는 사람끼리 '두레'라는 조직을 분야마다 조직했다는 사실을 강조하는 것이 옳아요. 모든 작업에 저마다 두레가 있었어요. 심지어 소농의 아내와 딸 들이 종사하는 길쌈에도 '길쌈두레'가 있었을 정도지요. 요즘 식으로 말하면, 소규모 협동조합이 생활화되었다는 것입니다. 협동조합 이전에 우리 식의 협동조합이 매우 활발했다는 말씀입니다.

두레라는 말은 '둘레'에서 나온 거래요. '둥글게 둥글게'란 뜻이지요. 이것은 어떤 중뿔난 사람이 지배하는 조직이 아녜요. 소유자나 또는 지배자가 따로 존재하지 않았어요. 모임의 대표는 있지만 각각의 구성원이 동등한 자격을 가지고 권리를 누리는 그런 조직이었어요. 바로 그런 점이야말로 두레의 생명이고요. 이런 성격의 두레를 다양하게 운영한 경험이 쌓였어요. 그런 경험을 토대로 소농은 마을 일을 계획도 하고 직접 운영해보았기 때문에 결국에는 동학농민들이 새로운 경제공동체를 꿈꾸게 되었던 겁니다.

두레는 단순한 노동조직만이 아니었어요. 노동을 위한 조직이자 여흥과 위로의 조직이었어요. 말하자면 오락의 조직이기도 했던 거지요. 함께 마을 제사를 모셨으니까, 종교적이고 신앙적인 면도 있었지요. 총체적으로 말해, 두레는 문화적인 조직이었어요.

물론 조선의 역사가 아름답게 순차적으로 발달한 것은 아니었어요. '동중' '하계' 또는 이를 구성하고 지지하는 각종의 '두레'가 계속 발전해서 어느 날 동학운동이 시작된 것이 결코 아니었어요. 각종의 마을 조직은 19세기 후반이 되면 위기에 빠졌어요. 왜냐고요? 그때가 되면 오늘의 관점에서 보면 대단히 미미한 수준이었으나 나름으로는 상당한 수준으로 상업이 발달했기 때문이었어요. 이미 앞에서 설명했듯, 한국은 전통시기에 상업과 수공업의 발달이 약했어요. 영국이나 프랑스는 물론 이웃나라인 중국, 일본에 비해서 그 발달이 굉장히 더뎠어요. 그러나 조선에도 상공업 발달이 전혀 없었던 것은 아니어서, 19세기 후반이 되면 사람들이 체감할 수 있을 정도의 변화가 나타났어요. 특히 1876년의 개항 이후에는 변화가 가속화되었단 말입니다

상공업의 발달이 늦었다는 것이 실은 조선 사회의 강점이기도 했어요. 첫 번째 장에서 말씀드렸지요. 상공업의 부진은 조선에서 마을공동체를 강화하는 요건이 되었어요. 조선 사회의 가장 큰 미덕은 교환과 나눔, 또는 마을의 연대 책임이었다고 보이는데요, 18세기 후반이나 19세기 초반까지도 이런 미덕이 광범위하게 퍼져

있었던 겁니다.

국가는 늘 소농을 약탈하려는 경향이 있었지요. 하지만 소농이 마을에 강력한 조직을 가지고 있었기 때문에 스스로를 보호할 수 있었어요. "우리 마을에서 작년에 낸 세금이 얼마인데 왜 금년에는 그보다 이렇게 많이 내라고 하는가. 우린 그렇게 많은 돈이 없다." 이렇게 버틸 수가 있잖아요. 또, 소농들은 국가를 상대로 이렇게 주장할 수도 있었어요. "우리끼리 알아서 각 집에 배분할 테니까 당신들은 우리 마을이 부담해야 할 세금의 총액만 정해라. 나머지는 우리가 알아서 하겠다." 이렇게 되었어요. 말하자면 국가가 개인을 장악하지 못하고, 마을의 소농들에게 상당 부분을 위임하게 되었단 말이에요. 이런 전통은 제가 직접 목격한 바로는 1960년대까지도 이어졌어요.

자연히 마을 안에는 보호와 평화가 있었어요. 마을 사람들끼리 '유무상자'하는 분위기가 형성되잖아요. 있는 사람은 세금을 더 내고 없는 사람은 조금만 내고, 그러면서 서로를 위하게 되었어요. 마을 사람들이 서로의 처지를 고려해서 책임과 의무, 권리를 상의해서 분배할 수가 있었잖아요.

19세기 후반이 되면 그런 풍습이 위기를 맞았어요. 마을 조직이 아주 무너진 것은 아니었으나, 분위기가 전에 비해서 나빠진 것이죠. 누구나 살기가 어려워졌어요. 1862년 임술년에 전국 각지에서 민란이 한꺼번에 일어난 까닭은 바로 농촌의 위기에 있었어요. 저는 그렇게 해석합니다. 물론 노동과 오락의 조직인 두레라든가, 마을 조직인 동중 등이 아직 살아 있었습니다. 그 조직이 완전히 죽어버렸으면 조직적인 저항 자체도 불가능했다고 봐야지요. 그러나 약해진 것입니다. 그들 조직이 자기들이 누려온 위상을 지키며 마을에 평화를 선사하기 어렵게 되었기 때문에 국가를 상대로, 구체적으로 말하면 군수나 현감을 상대로 항의 시위를 벌인 거였지요.

삶의 현장이 악화되었기 때문에, 마을의 여러 조직은 공동투쟁의 조직으로 변화했어요. 효과적인 투쟁은 그냥 아무렇게나 벌일 수가 없어요. 뜻 있는 사람이 나서서, "여기 다들 모이시오!" 외치기만 하면 구름처럼 사람이 모이는 것이 아니지요. 조직이 움직여야 사람이 100명, 1000명이 모여서 한목소리를 내는 것입니다.

마을 조직이 투쟁의 주체로 고도화된 모습을 드러낸 것이 바로 1894년의 갑오동학농민운동이었지요. 19세기 후반, 거의 해마다 전국 어디선가 되풀이되었던 항쟁과 민란과 소요의 경험이 없었더라면 동학농민운동은 그처럼 일시에 대규모로 일어날 수 없었어요. 적어도 30년 이상 전국의 농민조직들은 동중과 두레의 기치 아래 국가를 상대로 투쟁 역량을 연마했어요. 전국 어디서나 탐관오리를 쫓아낸 승리의 경험을 쌓았어요. 관헌의 체포와 고문과 형벌을 견디며 투쟁 조직으로서의 체질을 강화했던 것이죠. 쓰라린 경험이 한 세대 동안 축적되었기 때문에 소농들은 권력과의 투쟁에 익숙해진 것이지요.

30년 동안 국가권력과 싸워보니 소농은 전보다 많은 것을 알게 되었어요. 그래서 그들은 과거보다는 훨씬 더 지역적으로 넓은 연대를 구축할 역량을 키웠어요. 과거보다는 훨씬 강력하게 투쟁할 수 있는 배짱과 의지를 가지게 되었어요. 하루아침에 선량한 농민이 낫을 들고 관아로 몰려가서 지방관을 축출하게 되는 것이 아닙니다.

1862년부터 소농은 한 해에도 전국 어디선가는 관군이나 포졸들과 몸싸움을 했어요. 어디선가는 관군과 대치해본 경험이 있었고, 심지어는 탐관오리를 붙들어서 욕도 주고 매도 때려 쫓아낸 경험이 있었습니다. 이런 경험들이 쌓인다는 것이 중요해요. 소농은 그저 단순한 분풀이 투쟁만이 아니라, 더욱 깊은 의미에서 자신들이 원하는 세상을 만들기 위해 노력하는 집단이 되어갔던 것입니다.

여러분은 2016년 겨울부터 2017년 봄까지 일어났던 '촛불시민혁명'을 기억하실 테죠. 1960년대부터 한국의 시민과 학생들은 민주화 투쟁을 벌여왔어요. 오랜 세월 동안 시민들의 투쟁 역량이 축적된 결과, 전혀 폭력을 사용하지 않고도 부정부패한 권력자를 합법적인 방법으로 처벌할 수 있었습니다.

참고로 말씀드리면, 해월 최시형도 동학에 입도하기 전에 어느 마을의 이장을 지냈다고 해요. 이장이란 소농으로서 그가 어려서부터 두레를 다 거쳤다는 뜻도 됩니다. 이장 출신 최시형은 부지런하고 유능한 농부였어요. 그는 소농으로서 마을에서 중심적인 역할을 해본 적이 있는 사람이었어요. 소농의 정서를 누구보다 잘 아는 지도자였어요.

동학농민운동이 일어났을 때 동학농민군으로 참가한 이는 대부

분 소농이었어요. 그들이 가장 분노했던 것은 고종의 개방정책이었
잖아요. 왕이 제국주의의 압력에 굴복해, 소농의 입장을 전혀 고려
하지 않고 수출입 시장을 멋대로 개방함으로써 사회·경제적 위기
가 쓰나미처럼 농촌을 휩쓸었기 때문이지요. 제국주의가 침투하자
상업은 더욱 활기를 띠었고, 결과적으로 전통사회의 미덕이라 할
'유무상자'의 '사회적 합의'가 완전히 깨진 데서 오는 실망과 분노가
폭발한 거였어요.

제가 강조하는 '사회적 합의'는 성문화(成文化)된 것이 아니었어
요. 그것은 사회적 관행으로 정착된 불문율이었지요. 영국 사회에
불문법(不文法) 또는 관습법이 있다는 것을 누구나 알고 있잖아요.
법이라는 것이 꼭 글로 적혀야만 되는 것은 아니에요. 오래된 관습
은 생활의 질서를 결정하는 법의 역할을 하는 것이지요.

우리 사회의 '사회적 합의'란 무엇인가, 설명이 좀 필요할 것 같
아요. 이해를 돕기 위해 한 가지 예를 들어볼게요. 전통시대의 양반
가옥을 가보면 담장이 높고 경비가 삼엄하다고 생각되든가요? 아니
지요. 조그마한 사다리만 놓으면 누구나 금방 넘어갈 수 있을 정도지
요. 사방에서 쳐들어올지도 모를 도적을 감시하는 높은 탑 같은 것도
없어요. 솟을대문도 거의 늘 개방되어 있어요. 모든 건물이 목조라서
누가 불화살이라도 쏘면 당장에 활활 불타오를 집이지요. 집을 방어
하는 데는 별로 크게 신경 쓰지 않은 것이 역력해요.

조선의 양반들을 싸잡아서 탐욕스럽다고 비난하는 사람들도 더
러 있기는 해요. 그러나 그것은 너무 과장한 거지요. 상당수 양반

지주들은 소농이나 별다름 없이 살았어요. 그들의 집이 커서 아흔아홉 칸이 되더라도 세간살이를 살펴보면 사실 특별한 것이 별로 없어요. 양반이라서 외국산 다이아몬드를 가지고 있던가요? 금이나 은으로 만든 송아지라도 숨겨놓았던가요? 늘 비단옷을 입고 호의호식한 흔적이라도 있던가요? 양반 지주는 넓은 땅을 차지했으나 그 땅에서 얻은 곡식을 그들 가족이 다 먹을 수도 없었어요. 먹고 남은 곡식을 다른 귀중품이나 돈으로 바꿔서 으리으리한 호화생활을 하지도 않았고, 은행 같은 것이 있어서 예금과 적금을 해둔 것도 아니었어요.

쉽게 말해 양반 지주들도 마을의 소농과 함께 살았어요. 특별한 저장 시설이 없으니 먹고 남은 곡식을 따로 오랫동안 저장해둘 수도 없었고, 교통이 발달하지 않아서 원거리 시장으로 보내 현금으로 바꿀 수도 없었어요. 결국 잉여 곡식을 마을의 소작농민들에게 고리대라는 형식으로 빌려주는 것이 일반적이었어요. 소작농민들은 생활이 어려워 그 곡식을 갚지 못하는 것이 예정된 일이었고요. 양반 지주들은 되돌려받지 못할 줄을 알면서도 늘 빌려주고 탕감해주고를 되풀이한 것이지요.

"땅은 양반 지주인 너희 것이지. 그리하여 지배자로서의 명예는 너희가 갖는다. 그러나 우리가 농사지은 쌀은 우리도 함께 먹는다."

그런 셈이었어요. 갚지 못한다 해도 물론 완전히 공짜라고는 할 수 없어요. 고리대라는 형식을 통해서 주고받았으니까요. 이른바 악성고리대가 될 수도 있었지요. 빚이 산더미처럼 쌓여갔으니 말입니다. 그렇지만 고율의 이자율이 책정된다는 사실 자체에 숨은 뜻이 있어요. 특수한 사회심리적인 현상이라고 할 수 있어요. 돌려받을 가능성이 희박하기 때문에 고리대가 되었어요.

만약에 빌려준 것을 전액 회수할 수 있다면 이율이 연간 5퍼센트라도 지주에게는 남는 장사였어요. 그러나 10명에게 빌려줘도 3명밖에 되갚을 가능성이 없다면 이율은 연간 33퍼센트는 되어야 하지 않겠어요? 본전은 생각도 못 하고요. 3명에게 이자만이라도 받아야 본전을 회수하는 셈이잖아요.

그러니까 전통시대의 고리대라고 하는 것은 본전은 물론 이자조차 회수가 안 될 때에 자연스럽게 나타나는 현상이었습니다. 조선시대의 고리대는 악질적인 착취라기보다는 되돌려받지 못하는 사회 현실을 반영하는 것으로 보아야 합니다. 악질적인 고리대 자체가 없었다는 말이 아니고요, 일반적으로는 그랬다는 것입니다. 제가 전라도 태인현 고현내면의 고리대 문서를 자세히 보았더니 그런 결론이 나와요.

빌려 가는 사람은 해마다 많았으나 갚는 사람이 거의 없더라고요. 갚는 사람이 없어도 계속 빌려주니까 처음에는 이게 무엇인지 전혀 이해를 못 하겠어요. 그러나 깊이 생각해보았더니 답이 보였어요. 그게 바로 '사회적 합의'의 일종이었어요.

양반 지주들은 가난한 사람들에게 곡식이나 돈을 빌려주었다는 사실 그 자체가 중요했던 것입니다. 그렇게 해마다 빌려줌으로써 양반 지주들은 많은 사람들에게 위세를 쌓았어요. 가령 그 지주

가운데 한 사람이 김 진사였다고 합시다. 그럼 마을 사람들이 모두 김 진사에게 고분고분해지는 거였어요. 다들 김 진사를 떠받들 수밖에 없게 되는 거죠. 김 진사는 그런 상황을 즐겼을 테지요. 받을 수 없는 줄 알면서 자꾸 빌려주니까, 사람들은 김 진사에게 고마워하고 그의 가치를 높이 평가했어요.

땅은 김 진사의 것이라고 해도 사실 농사는 마을의 농부들이 지었어요. 소작인을 비롯한 소농들이 말이에요. 그들은 결국 김 진사한테 어려울 때마다 빌려 먹고살아요. 그래서 굶어 죽을 염려가 없는 거였어요. 김 진사네서 잔치라도 벌이면 모두 그 집에 가서 일도 도와주고 신나게 먹고 즐기는 거였어요. 맛있는 음식도 나눠 먹는 거였어요.

그러다가 김 진사에게 빚이 너무 많이 쌓이면 다른 곳으로 도망가면 되었어요. 다른 곳으로 떠나면 그곳에는 '또 다른' 김 진사가 있을 테니까 말이지요. 거기서 먹을 만큼 먹다가 빚이 너무 많이 쌓여 독촉이 심해지면 옛날에 떠난 마을로 돌아와서 김 진사에게 삭삭 빌며 용서를 청하면 되지요.

"너희 30년 만에 다시 이 마을에 나타났구나, 이런 죽일 놈들!" 이러면서도 김 진사네는 또 받아줄 거지요. 농사지을 일손이 필요하니까요. 다들 그런 관계를 서로 인정하면서 사는 거였어요. 조선 사회는 신분적으로는 엄연한 차등이 있는 사회였지만, 실질적으로는 서로서로가 돌봐주고 또 의지하며 살았던 것입니다. 때문에 마을에 흉년이 들어도 소농들이 양반 지주 집으로 칼을 들고 쫓아가지 않았어요. 모두가 굶기 전에 지주가 쌀을 내놓을 테니까요.

양반 지주는 큰 기와집을 짓지만 담장을 높이 쌓을 필요가 없었어요. 배가 고플 때는 마을 사람들에게 집 창고를 늘 개방할 테니까, 아무것도 염려할 필요가 없었어요. 조선 사회는 극히 예외적인 경우를 제외하면 19세기 전반까지도 이런 식으로 마을이 움직였어요.

양반 지주, 김 진사 이야기를 조금 더 해보자고요. 그로서도 다른 뾰족한 방법이 없었어요. 가령 서울의 쌀값이 아주 비싸다 하더라도 가령 전라도 고부에서부터 쌀을 싣고 서울까지 가려면 배 운임에다가 이런저런 경비가 많이 들었어요. 그럼 결국 고생만 했지 남는 게 없었어요. 그로서는 굳이 서울까지 쌀을 운반할 필요가 없었어요.

고부에서 난 쌀을 고부에서 처리하는 것이 좋았어요. 소작인들을 비롯해서 마을의 대다수 소농들은 이런 상황을 당연한 것으로 알았고, 그래서 인심이 순후했어요. 먹고살 걱정이 없지는 않았어도 극단적으로 절망적일 이유가 없었어요.

하지만 상업이 조금씩 발달하고, 게다가 일본으로 쌀이 빠져나가는 시대가 왔으니 이제 모든 것이 달라졌어요. 1880년대 후반부터 상황이 급박하게 변했어요. 특히 1890년대가 시작되면 아주 심각해졌어요. "내가 일 년 내내 애써 농사지은 쌀을 내가 다시는 볼 수가 없는 거야. 이제 김 진사는 나에게 착취자에 불과해요." 마을 사람들은 김 진사가 미워지기 시작했어요. 화가 나면 김 진사 집에 불이라도 질러야 속이 좀 풀릴 것 같은 기분이었죠. 그래서 실제로도 양반 지주 집에 불을 지르게 되었습니다. 19세기 후반에 도처에 화적떼가 발생했어요. 그 얼마 전까지는 존재조차 없었던 화적이 발생한 것은, 제가 보기에는 공동체의 '사회적 합의'가 깨졌기 때문입니다.

그것은 구두로 한 합의도 아니었고 문서로 한 합의는 더더욱 아니었어요. 하지만 마을 사람들이 삶을 통해서 오랫동안 실천해온 중요한 합의였던 거예요. 그것이 깨진 것입니다. 사람들은 절망하고 분노했죠. 그 분노는 전라도만의 특별한 현상이 아니었어요. 말씀드린 것처럼 1894년 공주 우금치로 몰려간 동학농민들은 전국 여러 곳에서 살던 소농들이었지요. 그들이 한결같이 분통을 터뜨린 것은 정도의 차이는 있어도 어디서나 비슷한 문제가 있었다는 증거로 해석되는 겁니다. 그 문제가 가장 심각하게 표출된 것은 물론 전라도였지요. 많은 곡식이 일본으로 빠져나갔으니까요. 그런데 다른 지역에서도 비슷한 문제들이 이미 나타나고 있었어요. 그래서 전국의 소농들은 같은 문제로 고뇌했던 것입니다.

18세기에 『정감록』이란 정치적 예언서가 등장했고 비밀결사의 활동이 점차 활발해지더니, 그것이 결국 19세기 후반에는 동학이라고 하는 생명력이 강한 종교 조직이자 사회 세력으로 자라났잖아요. 동학은 여러 면에서 농민들에게 새로운 대안으로 인식되었어요. 동학이 위대한 것은 바로 그런 점이지요. 정치·경제·사회·문화적인 의미로 총체적인 대안이었다는 사실이 중요합니다.

특히 "눈에는 눈, 이에는 이"와 같은 식의 폭력적 해결책만을 추구한 것이 아니었습니다. 동학은 그보다는 훨씬 차원이 높은 해결책을 제시했어요. '해원상생(解寃相生, 원망을 풀고 서로 살림)'의 길을 열었다는 말씀이지요. 최제우를 비롯한 종교적 선각자들의 눈에 비친 19세기 후반의 사회는 서로를 원망하는 사람들이 너무 많아졌다고 하죠. 가난한 사람과 부자가 서로를 원망하고, 아우와 형이 서로를 탓하고, 임금과 신하가 책임을 서로에게 미루고, 부부간에도 평화가 깨졌다는 것입니다. 그런 원망을 해결하고 모두가 함께 평화롭게 살 수 있는 방법이 꼭 있어야 됐어요. 동학은 바로 그와 같은 시대의 고민을 해결할 방법을 찾았고, 그래서 많은 사람의 관심과 지지를 받았던 거예요.

'시천주 조화정 영세불망 만사지'라는 동학의 주문에도 문제의 해결책이 담겨 있었어요. 천주를 잘 섬기면 다 된다는 것이지요. 내 마음 안에 살아 있는 그 천주를 잘 키워야 한다는 점에서 '양천주'라는 말도 나왔잖아요. 이 경우 천주란 인간의 착한 본성이나 양심과도 동의어라고 볼 수 있을 것 같아요. 게다가 '사인여천(事人如天)'이라 해서, 사람 섬기기를 하늘처럼 하라고도 했지요. '이천식천'이라 해서, 우리는 하늘이지만 하늘을 먹고 산다고 해서 만물이 지극히 존귀한 하늘이라는 가르침까지 등장했어요. 그와 같은 세계관은 요샛말로 '생태적 전환'이라고 불러도 좋을 것입니다.

인간 중심의 사회를 넘어서 만물이 하나됨을 강조했단 말이지요. 만물이 더없이 존귀함을 선포하는 그런 단계에까지 갔어요. 여태껏 세상의 멸시를 감수해온 소농과 천민들은 기뻤습니다. 동학이 등장하자 모두가 인간으로서의 존귀함을 충분히 인정하는 새로운 담론이 형성되었고, 천대받던 여성도 남성과 동등하다는 가르침이 버젓이 나타났단 말이에요. 어린이도 노약자도 그 누구라도 하늘이라니요! 이제는 모두가 억압에서 벗어나 가장 존귀한 하늘로서 어깨를 걸고 함께 나아갈 새 세상이 왔다니, 얼마나 좋겠어요.

새로운 세상은 산업화를 바탕으로 한 복지 사회가 아니라는 점도 중요하지요. 기계를 인간 대신에 마구 부려먹자는 그런 세상이 아니었어요. 동학은 모든 구성원이 더욱 깊은 의미에서 서로 화해함으로써 관계의 질적 전환을 꾀했어요. 우주에 광범위하게 존재하는 모든 생명체들과도 평화로운 공존을 선포했다는 말씀이니까, 그들이 추구하는 평화의 삶은 무한대로 확장 가능한 거였어요.

동학의 이름으로 우리 선조들이 추구한 세상은 단순히 배불리 먹고 사는 그런 물질적 만족의 세상이 아니었다는 점이 중요합니다. 모든 생명체들이 조화롭게 공존하며, 제 수명대로 걱정 없이 살며 높은 수준의 도덕과 문화를 향유하는 삶이었어요. 저는 이런 삶을 '자주적 근대화'라고 부르고 싶어요. 근대화라고 하면 누구나 유럽식의 산업화와 서구 시민사회의 도입을 떠올리는 경향이 있어요.

그런데 동학이 제시한 새로운 세상은 서구의 근대화와는 차원이 달랐다는 말이지요. 그 초점은 깊은 의미에서 인간 자체를 개조하는 것이었어요. 동학적 의미의 인간 개조 또는 사회 개조였지요. '후천개벽'이라는 것이 그것입니다. 마치 천지가 다시 창조되는 것과 같은 새로운 경험을 우주 만물에게 선사하는 일인 것이지요. 수 만 년 동안 지구를 지배하던 규범이 사라지고, 비할 수 없이 정의 로운 새로운 관계가 낡은 질서를 대체하는 새로운 상황, 동학에서 는 이런 변화를 '후천개벽'으로 보았습니다.

동학농민의 사전 준비

1894년에 일어난 동학농민운동에 관하여 공부하다가 저는 한 가 지 중요한 사실에 착안하게 되었어요. 전봉준은 1890년대 초반부 터 운동을 준비한 것으로 보여요. 고부군수가 조병갑이든 아니든 별로 상관이 없었을 것입니다. 전봉준이 염두에 두었던 것은 조병 갑이라는 한 사람의 부패한 관리와의 싸움이 아니었어요. 그는 세 상의 틀을 다시 짜는 문제를 고민했던 것입니다. 누가 군수로 부임 하든 결과는 마찬가지였어요. 부패가 정상으로 간주되던 세상이었 으니까요. 누가 부임해도 큰 차이가 날 수 없었어요.

동학교도들은 1892년 11월부터 서울에 올라가기도 하고 또는 지방에서 모여 교조 최제우의 죽음이 억울하다며 신원운동(伸寃運 動)을 대대적으로 전개했지요. 이때 가장 적극적으로 움직인 것이 바로 전라도의 교도들이었어요. 가령 1892년 11월, 전라도의 동학 교도 수천 명이 삼례에 모여 교조 신원운동을 전개했어요. 그들이 이런 요구를 하는 것은 몇 가지 의미가 있어요.

첫째는 말 그대로 교단의 억울한 문제를 해결하자는 거지요. 둘째는 자신들의 물리적인 능력을 시험함이었어요. 교단의 존재를 공식적으로 과시한 것이지요. 셋째, 투쟁 능력을 키우려는 거였지요. 조정과 충돌하면서 하나의 투쟁 집단으로서 전술과 전략을 시험하는 거였어요.

교조 신원운동에 가장 앞장선 것은 전라도를 비롯한 남부지방의 교도들이었어요. 평민지식인과 소농들이었지요. 그들 가운데서도 탁월한 지도력을 발휘한 전봉준(全琫準, 1854~1895)은 이미 서울에 올라와서 대원군의 문객이 되어 국내 정세를 관찰했어요. 적어도 한두 해를 서울에서 보냈던 것입니다. 그는 동학농민운동을 위해서 태어난 사람이라고 할 수 있을 거예요. 장차 많은 소농을 이끌고 어떻게 해서든지 세상의 질서를 다시 짜겠다는 굳은 의지를 가진 인물이었으니까요. 1880년대 후반부터 전봉준이 그런 계획을 차츰 구체화했다고 생각해요. 그때부터 전봉준은 탄탄한 인적 네트워크를 구축했단 말이에요.

전봉준의 평소 직업은 '학구(學究)' 곧 서당 훈장님이었어요. 떠돌이 선생이었으니, 요즘 말로 '비정규직 교사'였어요. 이 고을에 가도 제자가 있었고, 저 고을에 가도 제자가 있었어요. 전라북도 일원에 광범위한 인맥이 형성되어 있었고, 서울에도 대원군을 비롯해 적잖은 인사들과 안면을 튼 상태였어요.

전봉준만 그랬던 것은 아니란 이야기를 앞에서도 했어요. 그의 동료 김개남(金開南, 1853~1894)이나 손화중(孫華仲, 1861~1895)도 비숫한 처지였어요. 그들의 신분은 양반이었으나, 특권 엘리트라고 보기는 어려웠어요. 큰 틀에서 보면 도리어 평민지식인이라고 해야 옳았어요. 그들의 먼 조상은 혁혁한 양반이었을지라도 그들이 의식주는 평민과 다름없었어요. 게다가 그들은 소농 중심의 평민공동체의 미래를 위해서 싸웠으니 말입니다.

동학농민이 짧은 기간 동안에 조직력을 폭발적으로 키울 수 있었던 비결은 무엇일까요? 소농이 중심이었던 농촌사회의 특징을 활용한 때문이지요. 앞에서 말했듯, 소농은 어디서나 두레와 마을 조직을 운영하고 있었어요. 그 조직과 동학이 일치되기만 하면 순식간에 조직력이 증폭되었어요. 가령 1894년 9월에 전봉준이, "이제 사생결단을 할 때가 되었네. 어서 서울로 올라가세!"라고 말했다고 칩시다. 그때 그 많은 소농이 왜 따라나섰을까 생각해보자고요. 저는 두 가지 지점을 생각봅니다.

하나는 이를테면 다음과 같은 작동 방식이지요. "봉준이 형이 함께 가자는데 어떻게 안 갈 수 있느냐." 그런 것이었어요. 이른바 봉준이 형 밑에는 영수 형도 있고 태수 형도 있고 갑수 형도 다 있었어요. 그들이 마을 조직의 중심이라면 그들이 움직일 적에 그들과 친형제처럼 굳게 결속돼 있던 마을 사람들도 한꺼번에 움직인다는 것이죠. 영수 형이 가자는데 안 갈 수 있느냐는 소농 사회의 끈끈한 연대와 협동의 관계가 있었어요. 그것이 죽음의 공포도 넘어서게 만들었다는 점을 지적하고 싶어요.

이보다 더 중요한 점도 있었어요. 무엇이겠어요? 그들은 사람이 산다는 것이 어떤 점에서 의미가 있는가를 물었다고 봐요. 삶의 의미가 무엇입니까? 인생관 또는 세계관의 문제였어요. 이런 관점이 하루이틀에 정해질 수야 없지요. 그런데 동학농민들에게는 가치관의 공유가 있었던 것이지요. 제 생각에는 그들이 동학에 입도한 뒤로 다음과 같은 생각을 품게 되었다고 봐요.

"설사 우리가 이번 길에 뜻을 이루지 못하고 싸늘한 주검이 되어 고향에 돌아온다 할지라도 말이다. 이것이야말로 내 아들과 손자에게 새 세상을 열어주는 열쇠가 될 수 있을 것이다. 그렇다면 여기서 망설일 이유가 무엇인가?"

현실적인 문제에만 매달리는 사람은 아무것도 할 수가 없지요. 지극히 현실적인 사람에게는 오늘을 지배하는 무거운 세상의 공기가 있거든요. 현실을 지배하는 완강한 틀이 있단 말이에요. 이 무서운 존재를 나약한 한 인간 또는 보잘것없이 미약한 일개 집단이 어떻게 상대할 수 있겠습니까? 그러므로 현실적인 사람들은 아무 일도 하지 못하는 법이지요. 그들로서는 현실의 무게를 짊어지고 끙끙대며 순응하는 길밖에 다른 수가 없어요.

그러나 사람이 달라지면 삶의 방식도 바뀌어요. 동학농민은 현실을 괴로워했으나 그들은 이미 현실을 벗어나 있었어요. 그들에게는 소망이 있었고, 그것을 이루려는 강한 신념이 있었던 거죠. '유무상자'의 새로운 경제공동체랄까 정의로운 공동체를 만들고자 했어요. 그에 대한 강한 열망이 있었기 때문에 그들은 현실의 승패에 연연하지 않을 수 있었어요.

그들은 이미 직간접 경험을 통해서 잘 알고 있었어요. 1860년대부터 수많은 민란의 파도가 수십 번을 반복한 끝에, 1894년에 이르러 역사의 흐름을 바꿀 만한 쓰나미가 탄생했다는 사실을 말이지요. 만약에 이 흐름으로 단번에 자신들의 소망을 이루지 못한다 해도 그 봇물의 함성을 터뜨려야만 머지않은 장래에 '개벽'이 현실로 등장할 수 있다고 그들은 굳게 믿었던 겁니다.

그 점을 우리가 이해하지 못하면 동학에 관한 논의는 핵심에서 벗어난 것이라고 생각해요. 이 장의 결론은 이미 다 말씀드렸습니다. 그 현대적인 의미를 한번 정리해볼게요. 오늘날에도 120여 년 전과 다름없이 많은 문제가 산처럼 쌓여 있어요. 그때와 비슷한 느낌이 들기도 하는데요. 동학농민들과는 달리 오늘날에는 시민의 협동과 연대, 그것을 보장할 조직이 결코 충분하지 못해요. 우리에게는 '봉준이 형'도 없어요. 설사 그와 비슷한 존재가 있다 해도 그분이 함께 가자고 말할 때 아무런 이해타산도 없이 따라나설 수 있을까요? 우리는 믿고 따를 만한 스승도 형제도 없는 것이 아닐까요?

최근에 와서 여러 형태의 협동조합을 만들려는 움직임이 일어났어요. 시민사회가 여러 방면에서 활동 역량을 키우고 있는 것처럼 보이기도 하는데요. 알게 모르게 우리에게도 동학의 정신을 계승하고자 하는 의지가 살아 있는 것 같아요. 저는 그렇게 봅니다. 역사적 흐름은 직선적으로 나아갈 때가 외려 드물어요.

강물이 크고 넓고 깊을수록 직선으로 흐르는 법이 없어요. 이

굽이를 돌고 저 굽이를 돌아 첩첩한 산을 넘어 강물은 유유히 흘러가지요. 인간의 역사는 말하자면 큰 강물과 같은 것이 아닐까 합니다. 어떤 때는 흐름이 느리기도 하고, 어느 지점에 이르러서는 강물이 사라진 듯도 합니다. 그저 강 밑에 깔려 있는 모래바닥 밑으로 흘러가는 곳도 있다는 말씀입니다. 그렇더라도 강물은 결코 멈추지 않고 흘러내리지요. 물이라는 것은 언제나 흘러가기 마련이니까요.

흐르는 것은 물만이 아니지요. 역사도 강물처럼 흘러가는 것입니다. 때로는 거세게, 때로는 부드럽게, 때로는 숨어서, 때로는 명랑하게 소리 내며 흘러갑니다. 동학농민운동의 흐름도 멀고도 깊은 역사의 흐름이라는, 일종의 강물이라는 점을 알아야 할 것 같아요.

1894년 초부터 1895년 3월, 전봉준과 손화중 등이 교수형을 당할 때까지는 동학농민운동의 절정이었어요. 그렇기 때문에 이 강의가 그 시점에 초점을 맞추었어요. 그러나 사실 그 물결은 그 일이 일어나기 오래전부터 흐르기 시작했고, 그날 이후에도 끝없이 흘러갔습니다. 오늘도 내일도 우리는 그 강물에 발을 담그고 있을지도 모릅니다.

질의응답

질 의

전봉준 장군이라고 해야 맞나요? '보국안민'의 뜻을 품고 동학
농민운동을 일으킨 거였지요. 그때 해월 최시형이 물리적인 저
항운동을 반대했다고 알려져 있어요. 제가 요즘 『생명의 눈으로
보는 동학』(박맹수 지음, 모시는사람들, 2014)이라는 책을 읽고 있어
요. 그런데요, 5·18 광주민주화운동 때도 그 밖의 여러 운동에
서도 최시형의 운동에 대해서는 별로 관심을 보이지 않았던 것
같아요. 박맹수 교수는 좀 다른 것 같아요. 선생님의 생각은 어
떠신지 궁금합니다.

응 답

아주 훌륭한 질문이군요. 해월 최시형과 녹두 전봉준은 상당한
차이가 있었죠. 박맹수 교수는 그 차이를 넘어서려고 하지요.
중요한 시도라고 생각해요. 그렇다 해서 실제로 아무런 차이가
없었던 것은 물론 아니지요.

최시형은 철저한 평화주의자예요. 모든 문제를 평화적인 방법
으로 해결하길 원했어요. 그는 물리적인 힘을 써서 현실적으로
풀 수 있는 문제가 거의 없다고 보았어요. 그래서 최시형은 동
학농민운동에 가담하긴 했어도, 미루고 미루다가 아주 늦게 힘

을 합친 거였죠. 우금치에서 일본과 싸울 때에는 해월 최시형의 제자들도 많았어요. 최시형의 명령에 따라 일어선 사람들도 많았단 말이에요.

초반의 상황은 분명히 달랐지요. 최시형은 누구보다도 어려운 상황에 처했어요. 별명이 '최보따리'였잖아요. 보따리 하나를 들고 곳곳을 돌아다니면서 정말 어렵게 동학의 여러 포와 접을 만들어왔거든요. 그런데 만약 국가의 공권력과 무력 충돌을 해서 망가지면 어떻게 하겠어요? 공든 탑이 하루아침에 무너지는 셈이지요. 그런 상황이 오는 것을 최시형은 결코 원하지 않았겠죠. 또 어떤 문제든지 비상시국이 아닌 다음에야 조금이라도 폭력적인 방법으로 해결한다는 것은 최시형의 종교적 신념과도 거리가 멀었지요.

그에 비해서 전봉준은 어떤 생각을 했다고 보십니까? 전봉준은 당시 소농이 시달리고 있던 현실의 문제를 대단히 시급한 문제로 보았어요. 그는 동학농민들의 입장을 적극 대변한 것입니다. 조선의 조정이나 일본 사람들과는 평화적으로 얘기를 해서 문제를 해결할 전망이 하나도 없다고 보았어요. 소농을 괴롭히는 현실 문제를 동학이 외면하면 그 누구도 이 문제를 책임지지 않을 것이라고 확신했어요.

저는 최시형이 전봉준의 입장을 이해하지 못했을 리가 없다고 생각해요. 또 전봉준이 교주인 최시형의 견해를 몰랐다고 생각하지도 않아요. 그들은 서로를 충분히 이해했다고 봅니다. 그건 틀림없어요. 그런 점에서 박맹수 선생의 말이 맞아요. 박 선생의 주장은요, 전봉준과 최시형이 상대의 입장을 이해하면서도 서로 다른 노선을 가지고 있었다는 점을 말한 것으로 봐요.

하지만 두 지도자 사이에 차이가 있었던 것도 명백하지요. 그럼 여러분은 아마 이렇게 물을 것 같아요. "나중에 해월 최시형 선생이 운동에 합류한 것은 왜일까요?" 제 대답은 명백합니다. 최시형이 보기에도 사태는 이미 비등점을 넘었다는 판단이었어요. 전라도의 동학농민만 움직인 것이 아니었어요. 황해도, 평안도, 강원도, 경상도 등이 모두 움직이고 있었어요. 하늘이 운동을 원하고 있었어요. 일본군은 또 그들 나름의 계산에 따라서 모든 동학교도를 무참히 살해하기 시작했잖아요.

저는 해월 최시형의 평소 생각이나 주장이 조금도 틀렸다고 생각하지 않아요. 1894년의 동학농민운동은 일본군에 의해 무너졌고, 이루 말할 수 없이 큰 피해가 발생했어요. 그때 신무기로 무장한 관군이 좀 있었다 한들 무어 그리 대단한 존재였겠어요? 기껏해야 일본군의 앞잡이 노릇이나 할 뿐이었어요.

최시형은 다시 쫓기는 몸이 되었고, 결국 어느 교도가 배신하는 바람에 관헌에 체포되어 비참한 최후를 맞았어요. 그에게 사형을 선고한 판사 가운데 고부군수로 말썽이 되었던 조병갑이 포함되어 있었잖아요. 참으로 동학과 조병갑의 인연은 끈질긴 악연이었어요. 역사란 이런 것인가요?

얼마 전 김상봉 교수님의 말씀이 인상적이었어요. "동학이야말로 한국 현대철학의 출발이다." 그런 얘기를 들은 것 같아요. 교수님께서는 어떻게 생각하시는지 묻고 싶고요. 또, 현재 한국 사회에는 자본주의가 도를 넘어 많은 부작용이 나타나고 있는 데요. 그에 저항하는 시민사회운동이나 노동운동이 큰 어려움을 겪고 있잖아요. 동학농민운동으로부터 오늘의 시민사회운동과 노동운동이 얻을 수 있는 교훈이 있을까요? 끝으로, 교수님께서는 동학을 일컬어 '자주적 근대화'라고 하셨는데요. 근대라는 말에 너무 많은 오해가 있어요. 해서, 근대라는 표현 말고 다른 표현은 없을지 모르겠어요.

우선 마지막 질문에 간단히 답할게요. 우리 식으로 근대화를 추구했던 거라는 의미에서의 '자주적 근대화'라고 얘기한 거지요. 동학의 역사적 기여는 말이지요, '생태적 전환'을 추구했다는 점이 아닐까 합니다.

둘째 질문에 대해서는 대답하기가 쉽지 않아요. 지금처럼 어려운 세상에서 시민운동과 노동운동을 벌이는 것은 대단한 일이지요. 여기에 동학농민운동이 어떤 교훈을 줄 수 있겠는가, 하는 질문인데요. 참으로 어려운 문제입니다. 동학농민운동이 많은 성과를 얻을 수 있었던 것은 두레라고 하는 조직, 그리고 마을공동체를 이끄는 조직이 있었기 때문이었지요. 오늘날에는 그런 조직이 사실상 와해되어버렸어요. 지금의 시민운동이나 노동운동이 어려운 것도 관련이 있어 보입니다. 노동운동은 직장운동에 지나지 않고, 시민운동은 대개 취향을 함께 공유하는 시민들의 모임 이상이 되기가 어려운 실정이지요. 운동이 삶의 터전과 유리되어 있기 때문에 한계를 갖지 않는가 생각합니다.

우리는 오늘날 '베드(bed) 타운'에 살고 있어요. 일하는 곳과 거주하는 곳이 별개의 장소가 아니었으면 하지만, 요원한 문제입니다. 그것이 현실적으로 불가능하기 때문에 두레와 마을공동체 문화로부터 현대의 한국 사회가 어떤 유산을 상속할 수 있을지 모르겠어요. 그래서 말인데요, 옛날의 두레와 마을공동체의 본질을 우리의 직장에서 되살리기 위해서 무엇을 어떻게 해야 할지 함께 고민해야겠습니다.

끝으로, 처음에 한 질문에 관해 답변을 드릴게요. 동학을 한국 현대철학의 출발점이라고 말한 주장을 어떻게 볼 것인가, 하는 질문이었지요. 김상봉 교수가 어떤 맥락에서 그런 주장을 했는지 제가 잘 모릅니다. 하지만 그렇게 보지 못할 이유가 없다고 생각합니다. 강의에서 이미 말씀드렸듯, '동학은 생태적 전환'을 꾀했어요. 이는 결코 원시사회로 돌아가자는 뜻이 아니었어요. 제 식으로 말해, '인간관계의 질적 전환'을 추구했던 것이지요. 이것이야말로 현대철학뿐만 아니라 이른바 현대의 사회과학적인 관점에서 보더라도 매우 주목할 만한 전환점이지요. 동학은 새로운 패러다임을 제공했다고 평가합니다.

우리에게 동학은 무엇인가? 동학의 현재적 의미

이 장에서는 말 그대로 동학에서 미래를 배운다는 이 책의 제목대로 말이지요. 동학에서 우리가 무슨 미래를, 어떻게 배울 것인가 하는 이야기를 해야 되겠어요. 그런 뜻에서 우선 지금까지의 강의에서 나눈 이야기 중에서 중요한 내용이 무엇이 있었는지를 우선 간단히 요약해보면 어떨까 해요. 그런 다음에 도대체 무엇이 정말 소중한 우리의 정신적 유산인지를 따져봐야 할 것 같아요. 그러고 나서 만약에 말이지요, 우리가 동학을 통해 미래를 내다본다면 경제적인 면이라든지, 정치적인 면, 그리고 문화적인 면에서 어떤 교훈을 얻을 수 있는지를 되새겨보고 싶어요.

동학, 평민지식인의 꿈

이 책의 서두에서는 동학의 유래를 검토하는 데 초점이 있었다고 생각해요. 제1강에서 여러 말씀을 나누었어요. 그런데 그 시간에 제가 가장 강조한 것은 평민지식인에 관한 것이었어요. 그들의 등장과 활동, 그리고 저를 포함해 이 책을 읽고 있는 여러분도 대부분 오늘날의 평민지식인이 아닌가 짐작해봅니다.

원래 왕조 사회란 신분제 사회였고, 그때 지식을 가진 사람은 평민하고는 거리가 먼 거였잖아요. 하지만 조선후기에는 평민지식인이 나타났어요. 저는 그렇게 봐요. 그때 평민지식인이 등장한 것을 부정하는 이들도 적지 않을 거예요. 가령 대개의 역사가들은 평민지식인이란 용어 자체를 사용하지 않거든요. 그들은 조선후기에 신분제가 무너졌다면서 평민지식인이 아니라 신흥양반이라고 주장하고 싶은 거지요. 역사교과서를 보면 조선후기에는 경제가 크게 발전해서 많은 평민들이 양반으로 신분 상승을 겪었다고 되어 있어요.

제 생각은 많이 달라요. 그렇지 않았다는 것입니다. 경제가 발전해서 평민이 돈으로 양반을 산 적은 없었다고 봐요. 한국사에서만 그런 것이 아니라 세계사적으로 보아도 그런 일은 거의 일어나지 않았어요.

18세기부터 서양에서 산업혁명이 일어났지요. 하지만 그렇다고 해서 평민들이 큰돈을 벌어서 귀족의 지위를 살 수 있었을까요? 그렇게 할 수 있는 사람도 있기야 했겠지만 극소수에 지나지 않았어요. 19세기 후반, 유럽 여러 나라가 제국주의의 광기에 휩싸였으나 그때조차도 평민이 귀족 신분으로 올라가는 일은 무척 어려운 일이었어요. 그런데 우리 사회에 과연 유럽의 산업화라든가 제국주의 시대에 견줄 만한 변화가 언제 일어났습니까. 조선후기에는 산업혁명이라고 부를 만한 것이 없었고, 제국의 팽창에 견줄 만한 변화가 없었잖습니까. 있었다면 이모작을 실시하는 정도였어요. 게다가 상업이 엄청나게 발전해서 아파트가 들어서고 공업도시가 만들어진 것도 아니었어요. 소농이 텃밭에 담배 농사를 좀 지었다고 해서 벼락부자가 되는 것은 아니었지요.

제가 1980년대 후반부터 1990년대 말까지 독일에서 역사 공부도 하고 대학에서 가르치기도 했어요. 그때 가장 중점을 두고 공부한 것이 바로 유럽의 농업사였어요. 17세기 이후 유럽의 농촌사회는 어떻게 변해갔는가 하는 것을 알고 싶었거든요. 그래서 전문 서적도 많이 읽고, 그 방면의 이름난 학자들과 토론도 여러 차례 했어요. 그때 내린 결론은 단순해요. 농업이 상업화되었어도 그것이 지주의 신분 상승으로 이어지지 않았다는 점입니다. 오히려 농산물의 상업화가 진행될수록 대지주는 더욱 많은 경작지를 차지했어요. 대다수의 농민은 더욱 가난해졌어요. 농촌의 양극화가 진행된 것입니다. 그래서 이제 자신 있게 말할 수 있어요. 조선후기 농촌사회에 상당한 수준의 상업화가 일어났더라도, 즉 시장경제에 농산품이 차지하는 비중이 커졌다 해도 농업의 발달이 소농의 신분 상승을 이끌지 못했다고 말입니다.

그렇다면 평민지식인의 등장은 무엇을 말하는가? 오히려 일반의 상상과는 거꾸로 뒤집어봐야만 이해되는 현상이었어요. 두 가지 점이 평민지식인의 등장에 기여했다고 보는 거죠.

첫째, 가난해진 양반이 많아졌다는 점이에요. 인구가 점진적으로 증가한 데다 양반층 가운데서도 특정한 세력이 관직을 독점하는 현상이 강화된 바람에 벼슬에서 멀어진 양반들이 많아졌어요. 그들은 자신들의 유일한 밑천인 지식을 시장에 내놓았어요. 지식을 어떻게 팔았겠어요? 누구라도 좋으니까 정말 배우고 싶다면 가르쳐주겠다는 거였지요. 양반이든 아전이든 평민이든 누구라도 좋으니까 대가를 제공하기만 하면 글을 팔겠다는 것이었어요. 역사 기록에는 '설경(舌耕)'이라고 해서 혀로 농사를 짓는다고도 했고, 아예 '매문(賣文)' 곧 글을 판다고 했거든요. 고급문화를 조금이라도 향유하고 싶은 사람이면 누구든지 지식에 접근할 수 있게 된 거예요. 그리하여 평민층에게도 지식인이 생겨나게 된 것입니다.

둘째, 조선 사회가 갈수록 성리학 사회로 바뀌었다는 점이지요. 성리학은 이중적입니다. 기존의 신분을 옹호하면서도 누구라도 배우고 싶으면 가르쳐야 한다는 이념이 강하지요. 『논어』를 보아도 그랬어요. 공자는 누구에게든지 지식을 제공했잖아요. 이런 분위기가 확산되어 신분이라는 것 자체를 절대시하지 않는 분위기가 있었어요.

본질적인 의미에서 성리학은 신분제를 강화하는 이데올로기로 사용하기에 마땅하지 않았어요. 성리학은 배움을 타고난 신분보다 훨씬 중요시하거든요. 과거제도를 실시한 이유도 신분의 계승을 강조한 것이 아니라, 핏줄이 어떠해도 좋으니까 능력이 있고 현명한 사람을 구해보자고 시행한 거였어요. 실제로 중국에서는 명나라와 청나라 때가 되면 신분제도가 사실상 사라졌어요.

하지만 우리나라는 본래부터 원체 신분을 강조하는 관습이 있었어요. 그런 유습이 강하게 남아 있어서 조선시대에조차 신분제의 완고한 장벽이 쉽게 사라지지 않았던 것이고요. 그렇다 해도 성리학을 국시로 정하고 300년쯤 지나자 드디어 신분에 대한 관념이 다소 약화되기 시작했어요. 유교의 일파인 성리학은 이념적으로 신분을 절대시하지 않아요. 때문에 현실적으로는 여러 가지 신분이 있다 해도, 그것을 법으로 제도화할 수가 없었어요. 『경국대전』을 보세요. 거기에는 사회 신분으로서 양반을 규정하는 내용이 한 줄도 없어요.

요컨대 한편으로 양반들이 약해졌고, 다른 한편으로는 성리학적 사고가 사회 전반에 널리 퍼지면서 평민들도 지식인이 될 열망을 품게 되었던 겁니다. 18세기부터는 각지에서 평민지식인의 활동이 두드러지는 이유였어요. 이런 사회적 변화가 동학의 길을 닦았다고 판단해요. 최제우, 최시형, 전봉준, 김개남, 손화중, 손병희 등은 하나같이 평민지식인의 전통 위에 서 있었다고, 저는 생각하는 것입니다.

제1강에서 또 하나 강조한 것은 비밀결사의 역할이었어요. 평민지식인은 성리학이 지배하는 조선의 국가체제 안에서 갈수록 큰 불만을 품게 되었다는 점을 이해하실 줄 압니다. 지식을 가져봤자 신분제도가 완전히 사라진 세상이 아니라서 결국은 차별의 늪에 빠져 허우적거리게 되었어요. 아무리 노력해도 출세의 기회가 오지 않았어요. 평민지식인들은 차라리 또 다른 세상을 꿈꾸는 편이 옳다는 판단을 하게 되었어요.

새로운 세상을 만들려고 궁리하다 보니까, 하나의 정치운동이 필요했어요. 그것은 사회운동이기도 해야 했어요. 하지만 기득권층이 이런 꿈을 용인하지 않았어요. 환영받지 못하는 생각을 현실에서 구현하려니, 평민지식인은 비밀결사의 형태를 빌려야 했어요. 비밀리에 조정의 눈을 피해 자기들의 바람을 키워가는 수밖에 다른 방법이 없잖아요. 이리하여 조금씩 조직 운영의 노하우가 쌓여갔고, 이것이 결국 최제우와 최시형이라는 종교적인 천재를 통해서 동학으로 결실을 맺었어요. 제1강에서는 이런 점을 강조했다고 생각되네요.

관계의 질적 전환, 동학의 소망

제2강에서는 동학의 사상적 특징을 발견하려고 노력했던 것 같아요. 그 사상적인 측면을 공부해보면 두 가지 점이 아주 중요한 것으로 생각될 때가 많아요. 하나는 미륵신앙의 전통이지요. 동학은 그 자체가 미륵신앙이라고 보기는 어렵지만, 한국의 긴 역사 속에서 끊임없이 계승되어온 미륵의 하생에 대한 기대를 수용한 것으로 봅니다. 불경에 따르면 미륵보살은 오래전부터 도솔천에서 턱을 괴고 앉아서 명상에 전념하고 있어요. 이 미륵이 언젠가 세상으로 내려와서 용화수 아래 좌선을 하고 대중을 모아 설법을 한다잖아요. 미륵부처가 세 번만 설법을 베풀면 온갖 중생이 깨침을 얻어

부처가 된다지요. 그러면 이 세상은 지상낙원이 된다고 하지요. 그러한 이상세계의 도래를 바라는 민중의 마음을, 동학은 결코 외면하지 않았어요. 동학에는 미륵하생의 신앙이 깊이 스며들어 있어요. 다만 불교가 허리를 펴지 못했던 조선 사회의 분위기를 그대로 반영하기라도 하듯, 동학은 불교와는 다른 빛깔을 띠었지요. 특히 동학을 창도한 최제우는 성리학의 고향이라고 불러도 좋을 경상도 출신이잖아요. 그래서 동학에는 유교 또는 성리학적인 개념이 짙게 깔려 있어요.

최제우는 여러분이 아시는 대로 유교뿐만 아니라, 불교와 도교의 가르침도 융합해 하나의 새로운 가르침을 빚어냈어요. 또, 당시 사회에서 상당한 인기를 끌었던 서학(천주교)의 영향도 적지 않았다고 볼 수 있어요. 서학이 바로 '천주'를 섬겼는데요, 동학 역시 천주를 신앙의 대상으로 삼을 정도였어요.

그러나 동학이 곧 서학은 아니었어요. '시천주'라고 하는 개념이 동학의 가르침에서 차지하는 비중은 절대적이었지요. 그런데 그들이 말하는 '천주'의 개념이 천주교와는 전혀 달랐지요. 천주교의 천주는 우주를 주재하는 초월적인 존재로서 인간과 하나될 수 있는 것이 아니지요. 그 점에서 동학의 '천주'와는 달랐어요. 이 문제를 계보학적으로 검토해봐야겠지요.

동학의 '천주'란 개념이 어떻게 변화했는지를 살펴보면 무척 흥미로운 점이 발견되지요. 최제우에게는 천주가 밖에 머무는 존재이지만 특별한 경우 '나'에게 다가와 일깨우기도 해요. 최시형에 이르면 천주인 '하늘은 사람[天是人]'이기도 하죠. 천주는 인간에게 내면화된 존재라서 '하느님을 기른다[養天主]'는 말이 나오는 거지요. 더욱더 놀라운 사실은, 최시형이 '천주'에서 아예 '주'자를 떼버린다는 점이지요. 이어서 다시 한 번 놀라운 개념 변화가 일어나요. 최시형은 '이천식천(以天食天)'이라고 했어요. 우리가 모두 하늘인데 우리가 먹고 사는 모든 것이 다 하늘이란 말이에요. 하늘이 사람만이 아니라 만물이 다 하늘이란 거죠.

가령 내가 지금 한 잔의 커피를 마신다면, 나도 하늘, 커피도 하늘, 커피잔도 하늘이란 이야기가 되어요. 물도, 땅도 하늘, 밥도 하늘이란 말이에요. 만물이 하늘처럼 귀중한 존재라는 각성입니다. 그런 맥락에서 최시형이 '사인여천(事人如天)'이라고 해서, 다른 사람 섬기기를 하늘처럼 하라는 것이며, '삼경(三敬)'이라 하여 우주만물을 공경하라는 가르침이 서로 뜻이 잘 통하게 되지요.

모두가 지존, 곧 지극한 가치를 가진 존재라는 각성이 일어난 것이죠. 사람들은 동학을 가리켜서 평등을 주장한 사상이라고 말하죠. 서양의 근대 시민사상도 자유와 평등을 강조했으니까 서로 일맥 일통한다고 말해요. 얼핏 보기에, 영락없이 맞는 말이지요. 하지만 조금 더 생각해보면 차이가 나지요. 동학은 인간과 만물의 평등을 주장했으니까요. 지배와 소유의 관계를 청산한 것으로 봐야 옳아요. 평등 이상이지요. 생태계의 보편적 평등을 주장한 것으로 봐야 맞아요.

최시형의 사상은 '생태적 전환'을 시도하는 새로운 단계였어요.

인간이 물론 중요하긴 하지만요, 인간의 위상이 우주 안에서 독점적이거나 배타적인 것이 전혀 아닌 거라는 말이에요.

그 뒤 손병희에 이르면 천주의 개념이 오히려 한정된 느낌이 들어요. 그는 근대의 인물이라서 서양의 근대사상, 특히 인권사상에 접촉했기 때문일지도 모르겠어요. 손병희는 생태적 전환이 아니라 인간평등으로 되돌아간 것 같아요. '인내천(人乃天)'이라고, 사람이 하늘이라는 주장을 펼쳤단 말이지요. 그렇다 해서 손병희의 주장이 잘못된 것은 아니고요, 그 자체로서 높이 평가되어야 옳지요. 20세기 초 우리 사회에서 그만큼 신분과 남녀노소의 차별을 철저히 부정한 이도 드물었으니까요.

요컨대 제2강에서 저는 동학사상의 핵심을 간추리면서, 오늘날의 용어를 빌리면 '생태적 전환'이요, '관계의 질적 변화'가 가장 주목된다고 했어요. 당시에는 물론 이와 같은 용어가 없었어요. 그러나 오늘날 우리가 사용하는 개념을 가지고 표현하면 인간 사회의 내적 관계는 물론이고, 우주 만물과의 관계를 질적으로 바꾸고자 했다는 점이 매우 인상적이지요.

'유무상자'의 새 공동체를 위하여

제3강에서는 이론으로서가 아니라, 실천으로서 동학이 우리에게 중요하다는 점에 주목했어요. 그래서 1894년에 크게 일어난 동학농민운동에 관심을 쏟았어요. 그때 동학농민운동이 거국적인 차원에서 벌어질 수 있었던 것은 동학 조직의 힘이었어요. 그런데 '포접제'라고 하는 동학의 조직은 물론 앞 시대에 존재한 비밀결사의 전통을 이어받은 것으로 봐야겠지요. 좀 더 본질적으로 이야기를 하면, 18세기 이후 농촌에 널리 유행한 두레와 마을공동체의 여러 조직들에 주목하는 것이 당연한 일이에요, 마을공동체의 여러 조직과 동학의 포접제가 접점을 찾았기 때문에 강철 같은 조직이 만들어진 것이었어요. 요컨대 두레와 마을공동체의 조직들이 동학농민운동을 추동하는 강력한 힘이었다는 점은 정말이지 강조해야 하겠습니다.

물론 동학농민들이 역사적인 운동을 벌이게 된 배경을 살펴보면, 그때 조정에서 잘못된 정책을 폈기 때문이지요. 고종과 명성황후를 비롯한 집권세력이 소농의 입장을 전혀 고려하지 않은 채 대외개방정책을 무분별하게 펼친 것과 관계가 깊었어요. 그들은 산업화를 원했던 거고요. 그런 목적으로 무분별하게 개방정책을 추구했어요. 이것이 결국 소농 중심 사회를 뒤흔들어놓았다고 말할 수 있어요.

그런 점에서 동학농민운동에 참여한 소농이 진정으로 추구했던 것이 무엇인지를 설명했어요. 그것은 하나의 새로운 경제공동체였다고 말했어요. 느슨한 표현인데요, 당시 사람들이 쓰던 용어를 빌리면, 그들은 '유무상자'의 세상을 원했어요. 가진 사람과 없는 사람이 무조건 똑같이 나누어가지는 사회가 아니었어요. 부자와 가난한 소농이 서로를 인정하고, 그 바탕 위에서 서로를 돕는 세상을 바랐단 말이지요.

'유무상자'는 경제 활동에만 국한되는 것은 아니었어요. 정치, 사회, 문화적인 측면에서도 확대 적용될 수 있는 개념이었어요. 한마디로, 서로가 서로에게 '밥'이 되는 평화로운 생태공동체를 향해서 동학농민군은 힘차게 진격했던 것입니다.

자주적 근대화의 기치

동학의 성격을 여러 말로 설명했습니다. 그런데 이 모든 것을 한마디로 정리한다면 뭐라고 해야 할까요? '자주적 근대화'라고 표현하고 싶어요. 제가 근대화라고 말했지만, 흔히 이야기하는 근대화와는 성격이 매우 다른 것입니다. 일반적으로 근대화라고 하면 두 가지를 염두에 두지요. 산업혁명을 염두에 두고 서구식의 산업화, 곧 기계에 의한 공장제 생산방식을 떠올리기 일쑤예요. 제가 동학에 관하여 말씀드리는 근대화와는 거리가 멀지요.

또, 근대화라고 하면 사람들은 서구의 시민사회의 핵심가치를 공유하려는 운동으로 이해하는 경향이 있어요. 이것은 동학이 추구한 노선과 크게 유사하지요. 그러면서도 많은 차이가 있어요. 동학은 사람들끼리만 자유롭고 평등한 관계를 맺으려고 한 것이 아니었으니까 말이죠.

동학에서는 인간을 포함한 모든 생명체의 상호관계에 질적인 전환을 추구했어요. 특히 인간 사회에 관하여 말하자면, '해원상생'을 추구했어요. 저는 이 개념이 무척 중요하다고 봐요. 차별과 소외에서 비롯된 일체의 갈등과 대립을 해소하자는 것이었으니까요.

최제우를 비롯해 19세기 후반부터 등장한 신종교의 지도자들은 우리 사회의 특징을 '결원(結怨)' 곧 한과 원한을 쌓는 데서 찾았어요. 서로가 서로에게 용서하지 못할 원수가 되어갔다는 것입니다. 차별이 심했기 때문이에요. 정치·경제·문화적으로 독점현상이 지나치게 심하다는 진단이었지요. 공유와 공존보다는 독점과 착취가 지배적인 흐름이었어요. 소유와 지배, 강압이 사회의 공기를 무겁게 짓누르고 있다는 냉철한 비판이었어요.

이런 문제를 해소하려면 과연 어떻게 해야 했을까요? 사회적인 긴장과 대립을 해소하고, 경제적 양극화 문제를 풀어야만 되었어요. 문화적인 헤게모니가 소수의 특권층에게 전유물처럼 인식되어서는 곤란하다는 지적이었어요. 이 모든 문제의 해결책을, 한마디로 '해원상생'이라고 표현했다고 봐요.

저는 동학이 추구한 해원상생이야말로 진정한 의미에서 근대화가 아닐까 합니다. 근대화라고 하는 것이 대형 공장이 여기저기에 우뚝 선 산업화일 리도 없고요, 껍데기뿐인 시민사회로의 전환도 아닐 것입니다. 관계의 질적 전환이 와야만 모두가 진정한 의미로 하늘이 되는 새로운 세상이 되는 것이지요. 그 상태를 '개벽(開闢)'이라고도 말할 수 있어요. 크게 열린 세상에서는 '유무상자'가 인간 활동의 기본으로 정착되어야 하는 것입니다.

지금은 어떠한가요? 근년에 우리나라에서는 세금 수입이 많이 부족하다는 이야기가 심심치 않게 나왔어요. 특히 이명박 정권과 박근혜 정권 때 그런 말이 많았어요. 그럴 수밖에 없었지요. 역대 정권이 '부자 감세'라 해서 부자들에게 세금을 많이 깎아주었기 때문이죠. 부자와 기업에게는 언제나 규제를 완화하느니, 세금을 줄여주느니 하면서 여러 혜택을 주었어요.

또한 소중한 국가예산을 효과도 불투명한 초대형 토목사업에 쏟아부었어요. 이른바 4대강 사업만 해도 20조가 넘는 돈을 쓸어 넣었어요. 그리고 해외 자원을 개발한다면서 제대로 검증도 하지 않은 상태로 100조 원도 넘는 돈을 뿌렸어요. 그 밖에 안보 위기가 왔다며 미국산 신무기를 사들인다며 수십조 원을 사용했습니다. 그러면서도 부자들에게는 이런저런 명목으로 세금을 면제해주었으니, 그 짐이 일반 시민들에게 고스란히 넘어온 거였어요.

많은 사람들이 그런 정책에 맞장구를 쳤어요. 돈 많은 사람들에게 세금을 많이 걷지 않으면 그들은 형편이 좋아져서 많은 여유 자금을 가지게 되어, 그것으로 새로운 일자리를 창조하는 데 쓸 거라는 말이 늘 각종 매체를 도배했어요. 그러나 현실은 정반대였어요. 부자들은 쉽게 번 돈으로 일자리를 늘려 새로운 시장을 개척하기는커녕 한쪽에 돈을 쌓아두고 있어요. 시중에서는 고액권인 5만 원짜리 지폐가 회수되지 않는다는 말이 있지요. 대기업들은 현금 자산을 늘리기만 할 뿐 눈에 띌 만한 투자와 개발을 안 한 지가 오래되었어요.

왜, 제가 이런 이야기를 할까요? 동학의 스승들이 애써 강조한 '관계의 질적 전환'이 필요하다는 것을 설명하려는 것입니다. 소수의 기득권층에게 많은 것을 허용하면 할수록 그들은 우리가 기대한 것과 같이 좋은 일에 돈을 쓰는 법이 없는 것 같아요. 그들은 자기네에게 좋은 데에만 돈을 쓰지요. '해원'이 아니라 '결원'이 되고 마는 것이지요. 양극화며 사회적 갈등이 심해지는 것입니다. 그 점을 알아야 돼요.

'유무상자'의 정신을 강조한 것은 그것이 '해원상생'의 밑거름이기 때문입니다. '이천식천'이라는 것도 결국 마찬가지예요. 경제 형편이 좋지 않은 사람들에게, "너희나 먹어라!"는 식으로 유전자 변형된 식품을 줄줄이 내놓고, 냉동 조리식품만 팔아치운다면 이 사회의 장래가 어떻겠어요? 이런 문제들이 오늘날처럼 커진 것은 사회적 인식의 문제입니다. 인간이 상호존중의 길에서 벗어난 것은 물론이고, 자연을 도구로만 볼 뿐 전혀 존중하지 않기 때문에 생긴 문제가 아니겠습니까? 동학의 언어로 말하면, 우리가 모두 하늘이요, 우리가 하늘을 먹고 사는 것인데요, 하늘이 아니라 독극물을 먹는 셈이 아닌가요? 그런 점에서, 낟알 하나에도 우주가 들어 있다고 한 무위당 장일순의 말이 옳은 거지요. 그것이 최시형의 사상을 정통으로 이어받은 것이 아닐까 생각됩니다.

동학이 추구한 것을 제 식으로 바꾸어 말하면 '자주적 근대화'이기도 하고, 모든 관계의 질적인 전환이기도 한 셈이지요. 그것을 동학 방식으로 다시 말하면 '후천개벽'이었다고 해야 될 겁니다. 나중에 천도교 측에서 『개벽』이라고 하는 이름의 잡지도 발행했습니다. 그들이 바란 개벽된 세상은 털끝만큼이라도 이상한 세상이 아니었어요. 사람이 물구나무서서 다니는 거꾸로 된 세상이 아니었어요. 그들은 공상과학 영화에 나오는 신기한 세상을 원했던 것이 아니에요. 물질이 하염없이 넘쳐나는 세상도 아니고, 자연을 마음껏 착취하는 세상이 되기를 바랐던 것도 아니지요. 그들이 진정 원했던 것은 평화였고, 모두가 타고난 대로 서로 도우며 잘 사는 상생이었습니다. 그들이 바란 것은 인간 중심의 세계관에서 벗어나는 것이었어요. 인간만을 위한 세상도 아니고, 남자만을 위한 세상이거나 가진 자만을 위한 것은 더더구나 아니었어요. 모두를 위한 공평하고 정의로운 세상이었지요.

그런 맥락에서 '어린이날'을 제정한 이가 소파 방정환(方定煥)이라는 사실은 너무도 당연한 느낌이 들 정도입니다. 방정환은 천도교의 제3대 교주로서 1919년에 3·1운동을 주도한 손병희의 사위였어요. 천도교에서 어린이날을 만들었다고 보아도 틀린 말이 아닌 거예요. 어린이라는 새로운 용어를 만든 것부터가 대단한 일이었어요.

차별이 일상화된 세상에서는 차별의 보편적인 기제가 세 가지였어요. 하나는 신분이에요. 양반이니, 상놈이니, 종이라고 차별하는 거였어요. 또 하나는 젠더지요. 여성이냐, 남성이냐에 따라 사람 대접을 완전히 다르게 하는 것입니다. 마지막으로 하나가 더 있어요. 나이를 가지고 사람을 차별하는 것입니다.

동학은 모든 차별의 구조를 원천적으로 부정했어요. 최제우는 신분의 차별을 철저히 넘어선 각성된 인간이었어요. 그러나 최제우가 여성의 권리를 특별히 강조했다는 것은 제가 잘 모르겠어요. 최시형에 이르면 달라졌어요. 그는 여성의 권리, 여성의 인격을 존중했어요. 여성을 남성과 똑같이 생각했거든요. 그렇지만 아직 아이와 어른의 차별에 대해서는 이렇다 할 가르침을 주지 못했던 것이 아닐까요. 그런데 손병희의 시대에 가면 완전히 달라져요. 그의 사위 방정환에 이르면 아이도 어른이나 다름없는 하늘로 대접을 받은 것이 분명해요. 아이도 하늘이다, 상놈도 하늘이다, 여성도 하늘이다, 아이도 하늘이라는 생각이 또렷하게 나타난 것이 동학이지요. 차별의 모든 장벽을 철저히 파괴했다고 볼 수 있어요. 그런 점에서 동학은 매우 특별했어요.

이쯤에서 한 가지 질문이 제기되지요. 동학의 평등사상이 어디서 왔는가, 하는 물음입니다. 어떤 사람은 서학(천주교)의 평등사상에서 영향을 받았다고 말할 것도 같아요. 학교에서 가르치는 국사 교과서를 보아도, 조선후기에 천주교가 인기를 얻은 배경은 평등사상이라는 설명이 있어요. 천주교는 신분 차별을 부정했기 때문에 평민들 사이에서 인기가 높았다고 말합니다. 이것은 제 생각과는 정면으로 대립됩니다. 천주교와 인간평등의 사상은 직접적인 관계가 전혀 없거든요. 천주교가 유일무이한 지배 이념이었던 서양 중세사회가 과연 평등의 가치를 알았던가요? 아니었어요. 로마 교황청이 유럽 사회를 호령하던 중세 1000년은 물론 철저한 신분제 사회였고요. 인종 차별적인 세상이었어요. 그럼 천주교가 세계 종교의 지위를 얻은 로마시대는 어땠었나요? 역시 평등과는 거리가 멀어도 무척 멀었어요. 천주교든 개신교든 기독교와 인간평등은 아무 관계가 없어요.

서양의 평등사상은 기독교회와 대립하던 계몽주의 사상가들에게서 나왔어요. 그들은 모호한 태도로 '천부인권설'을 폈어요. 교회의 가르침과는 직접적으로 아무런 관계가 없는 것이지요. 가령 로마 교황청은 루소라든가 몽테스키외나 볼테르의 사상이 담긴 저술을 금서로 지정해 탄압했고요. 1789년에 일어난 프랑스혁명 때도 민중은 교회와 귀족의 특권에 맞서 싸운 것입니다. 19~20세기에 서구에서 인권사상이 보편화되자 기독교회가 그런 주의주장을 수용한 것이지, 거꾸로 계몽사상가들이 교회의 평등주의를 수용한 것이 아니었어요. 이 점을 똑똑히 알아야 합니다.

요컨대 동학의 철저한 평등 관념은 서학에서 흘러들어온 것이 아니었어요. 게다가 동학의 평등은 인간 중심까지도 청산한 거였다는 점을 잊어서는 안 될 것이고요. 동학의 이와 같은 사상적 업적은 실로 찬란하기까지 했어요. 동학은 관계의 질적 전환을 꾀했다는 점에서 새로운 근대를 선사할 수도 있는 탁월한 존재였어요.

그들이 바랐던 후천개벽은 어느 날 아침에 눈을 뜨고 일어났더니 기적처럼 황금이 사방에 널려 있고, 요리를 안 해도 음식이 넘쳐나는 그런 만화 같은 풍경을 그린 세상이 아니었어요. 누구보다도 성실한 인간, 우주 자연을 자신의 생명처럼 소중히 여기는 인간으로 가득한 세상이 개벽된 세상이지요. 누구나 성실하게 생업에 종사함으로써 일상의 풍경이 새로워진 세상입니다. 동학이 추구했던 것은 요술이나 마술이 아니었어요. 각성된 개인에 의해 새로워진 세상을 만들고자 했다는 사실이 얼마나 귀중한지요.

그런 후천개벽의 세상의 저변에는 미륵하생신앙이 있었어요. 그것은 '조화선경(造化仙境, 지상에 이룩된 신선 세계)'이라는 도교의 이상과도 상통했어요. 유교의 이상세계인 '대동사회(大同社會)'와도 본질적으로는 마찬가지였던 거예요. 평화와 정의, 풍요롭고 건강한 삶이 개벽된 새 세상의 특징인 거니까요.

동학이 가르쳐주는 '오래된 미래'

우리는 더욱 나은 미래를 지향하는 삶을 원합니다. 그런 관점에서 동학이 우리에게 어떤 선물을 주었다고 생각하십니까? 누구나 가장 중요하다고 생각하는 경제와 정치 그리고 문화의 측면에서 말을 걸어보고 싶어지는군요.

우선 경제적인 측면에서 한번 생각해보지요. 언제부터인가 우리는 모든 문제를 경제 중심으로 보는 경향이 있어요. 경제 만능 사회를 살고 있는 셈이지요. 가장 문제가 되는 것은 '성장'이란 용어일 것 같아요. 세상은 끊임없는 경제성장의 이데올로기에 사로잡혀 있는 것 같아요. 동학은 경제성장에 관하여 무슨 말을 할까요?

경제성장의 이데올로기는 두 가지 점에서 동학의 입장과 충돌합니다. 첫째, 경제성장주의는 침략주의로 흐르기 마련이라는 점 때문입니다. 왜 침략주의라는 것입니까? 생각해보세요. 경제가 성장한다는 것은 물건이 더 많이 생산된다는 뜻이지요. 그러자면 판로가 충분히 확보되어야 하지요. 판매량을 늘리려면 새로운 시장이 계속해서 개척되어야 해요. 새로운 시장을 만들어야만 경제성장이 보장되는 것입니다. 결국 시장을 계속해서 창출하려면 어떤 의미로든 침략적이어야 해요.

오늘날의 한국처럼 수출 위주로 경제성장을 꾀할 경우에는 공격적이다 못해 침략적인 성향을 띠게 됩니다. 이것이 곧 제국주의적 방식과 무엇이 다르겠어요. 심하게 말하면, 남을 착취하는 셈입니다. 저는 오늘 아침에도 바나나를 한 개 먹었습니다만, 평생 한 번도 만나보지 못한 브라질 농부한테 미안한 생각이 들었습니다. 저는 바나나보다 배를 좋아하지만 배를 먹지는 못하고 바나나를 먹었습니다. 바나나가 훨씬 싸기 때문이죠. 이 땅에서 생산되는 배는 저한테 너무 비싸고, 브라질에서 온 바나나는 가격이 저렴해요. 바나나가 지구를 거의 한 바퀴 돌아서 왔는데도 여전히 배보다 쌉니다. 그럼 바나나의 원가는 도대체 얼마라는 말입니까?

최종 소비자가 구입하는 가격의 1할도 안 되는 금액이 원산지의 농부에게 돌아간다고 합니다. 우리는 날마다 그런 농산물과 수산물 등을 먹고 살아요. 우리 식탁을 점령하고 있는 것은 80퍼센트가량이 외국산 농수산물입니다. 천문학적인 운송비가 들었고, 중간에 여러 상인들이 이익을 취하는데도 불구하고 여전히 소비자 가격이 싼 것입니다. 그게 무엇을 의미하는지 잘 아시겠죠?

그런 농수산물을 우리가 사는 이유는 그 대신에 저쪽 사람들한테 그보다는 훨씬 비싼 물건을 팔기 위한 것이라고 하네요. 우리는 휴대폰을 팔고, 텔레비전이나 냉장고, 에어컨을 팔기도 하고, 자동차와 컴퓨터를 팔기 위해서라고 해요. 덕분에 우리는 싸구려 농수산물을 마음껏 먹으면서도 돈을 번다고 합니다. 국가적인 차원에서 보면 우리나라는 상당한 부자니까요.

이런 교역이 공정하다고 생각하시나요? 저는 그렇게 생각하지 않습니다. 불공정한 거래라고 봅니다. 이른바 부가가치가 높은 물건을 생산하는 우리의 노동자들이 브라질에서 바나나를 따는 농부보다 더 어려운 일을 더 많이 한다고 생각하시나요? 저는 그렇게 생각하지 않습니다.

미끄럽고 높은 바나나 나무에 기어올라 하루 종일 낫으로 바나나 송이를 따는 브라질 농부의 하루는 그야말로 위험하고도 너무 고된 것입니다. 그런데도 그 농부는 우리의 자동차 공장이나 휴대폰 공장의 평범한 노동자에 비해 100분의 1, 또는 1000분의 1밖에 벌지 못해요. 이것은 불공정한 거예요. 불의한 일이라고 말해도 좋은 겁니다.

더구나 우리 식탁의 80퍼센트가량을 채우는 외국산 농수산물의 산지에서는 그들이 먹고 남는 것만을 골라서 외국에 수출한 것일까요? 우리에게 그 많은 물건을 헐값에 팔아야 하는 그 사람들은 정작 자신들이 먹고 살아야 할 것마저도 우리에게 싸게 팔아넘깁니다. 적나라하게 말하면 여러분과 저는 그들의 착취자요, 범죄자가 될 수도 있어요. 경제성장주의는 부지불식간에 성공한 사람들을 범죄자로 만들고, 실패한 사람을 희생자로 만들어버려요.

지구적인 차원에서 보면 더욱 기가 막힙니다. 지구에서 생산되는 식량자원은 인류 전체가 충분히 먹고도 남을 정도로 풍부하다고 합니다. 현재의 전체 인구는 물론이고 수십억이 추가되어도 먹고 살 만큼 많은 식량이 생산된대요. 하지만 지구에 사는 인간으로서 굶주림에 시달리는 사람은 전체 인구의 3분의 1도 넘습니다. 이것은 정말 잘못돼도 많이 잘못된 것이 아닙니까? 식량은 남아도는데, 왜 그처럼 많은 사람들이 굶어 죽어야 하나요? 남는 식량은 다 어디로 갔습니까? 가축한테 사료로 주기 때문이지요. 우리처럼 상대적으로 잘사는 사람들이 고기를 충분히 먹으려고, 사람이 먹어야 할 곡식이 사료로 이용되지요. 사실은 그러고도 남을 만큼 곡식이 충분한데, 이른바 선진국에서는 돈을 들여가며 남는 식량을 폐기처분하고 있어요. 그야말로 인류에 반대되는 범죄를 저지르고 있단 말이지요. 공짜 식량은 누구에게도 줄 수 없기 때문이라서 그런 일을 저지르고 있어요.

이게 모두 경제성장주의의 사슬이지요. 성장의 이데올로기를 내려놓을 때가 되었어요. 제 말씀이 너무 불편하지요? "하지만 교수님! 성장을 포기하면 우리가 취직 못 하잖아요?" 아니지요. 지난 수십 년 동안 한국의 대기업들은 거의 해마다 순이익이 대폭적으로 늘어나는 신기록을 세웠어요. 뉴스를 잘 들어보시면 여러분이 그런 사실을 쉽게 확인할 수 있어요. 해마다 수출액도 크게 늘어났어요. 하지만 일자리는 외려 줄어들어요. 경제성장이라고요? 우리의 일자리하고 별로 관계가 없어 보여요. 경제성장이 안 되면 일자리가 없어지는 건 틀림없는 사실이지요. 하지만 경제성장이 잘된다고 해서 일자리가 크게 늘어나는 건 결코 아닙니다. 경험적으로 늘 그랬어요.

기업가들이 이익 위주의 사고방식을 바꾸지 않는 한 일자리는 계속 줄어들 것입니다. 앞으로는 인공지능까지 산업현장에서 활약한다니까 일자리는 더욱 줄어들겠지요. 바로 그런 점에서 우리는 동학의 가르침에 귀를 기울여야 해요. 만일 '유무상자'의 새로운 경제공동체를 추구한다면 우리는 성장의 저주에서 쉬이 풀려날 수가 있어요. 저는 동학의 전도사가 결코 아닙니다. 동학이나 천도교하고 개인적으로 아무런 관계도 없어요. 저는 그저 사상적인 측면에서 동학을 얘기하는 것이지요.

'유무상자'의 새로운 경제를 만들려면 어떻게 해야 할까요? '탈핵(脫核)'이 필수적이지요. 핵발전소는 '이천식천'을 불가능하게 만들기 때문이지요. 가령 체르노빌이나 후쿠시마에서 생산된, 오염된 식품을 먹으면 하늘이 죽는 거지요. 이는 '이천멸천(以天滅天)', 즉 하늘을 가지고 하늘을 망하게 하는 것입니다. 핵이란 물질은 용서하기 어려운 수단입니다. 핵발전소든 핵무기든 허용해서는 안 된다는 것이죠. 물론 유전자의 조작과 변형도 마찬가지입니다. 이런 것들은 '양천주'를 방해하고, '사인여천'을 불가능하게 만들어요. 모두 중지돼야 하는 것입니다.

그럼 동학의 입장에서 보면 우리는 어떻게 살아야 될 것인가요? 많은 이익을 남기는 경제를 건설하려고 애쓸 것이 아니라, 모두가 지속적으로 공존할 수 있게 도와주는 경제를 건설해야 하는 거죠. 지난 20여 년 동안 한국도 그렇고 미국도 그렇고 대부분의 산업사회에서 중산층이 많이 줄어들었습니다. 미국도 예외가 아니었어요. 한때는 미국 시민의 65퍼센트 정도가 중산층이었습니다. 사람들이 그때 '아메리칸드림'을 얘길 했어요. 누구든지 능력이 있고 성실하면 부자가 될 수 있다는 믿음이 컸어요. 그런데 지금은 미국의 중산층이 40퍼센트도 안 돼요. 거의 모든 미국 사람들이 공황에 빠지거나 박탈감을 느낍니다. 참으로 큰 문제입니다.

이제 우리에게 필요한 것은 연대와 협동일 것입니다. 협동조합의 정신이 그러하듯, 이익을 남기는 데 목적을 두지 말아야 하지요. 서로가 부족한 것을 채워주고, 여기에 남는 것과 저기에 부족한 것을 교환하는 경제생활에 의미를 두어야 할 것입니다. 과도한 산업화를 지양하고. 시장의 조절 기능에 대한 지나친 낙관주의와 신뢰를 중단해야 하지 않을까요? 이것은 결국 인간 사회를 파괴시킨다는 점을 명심했으면 합니다. 동학이 우리에게 알려주는 고귀한 가르침은 이런 깨침이지요. 단적으로 말해, 우리는 자본주의를 청산해야 하지 않을까요? 동학은 이익에 눈먼 자본주의와는 실로 거리가 먼 사상입니다.

경제와 관련해서 또 한 가지 말씀드리고 싶은 것이 있어요. 동학의 가르침과 정면충돌하는 것이 바로 현재의 신용경제라고 생각합니다. 돈이 문제인 것입니다. 특히 지급준비율이라는 것이 핵심적입니다.

가령 어느 은행에 1억 원의 예금이 들어왔다고 합시다. 그 은행은 그 돈 전액을 은행 금고에 넣어두지 않아도 되지요. 그 가운데 극히 일부 금액만 금고에 보관해두고 있지요. 그것이 지급준비율인데요, 고작 3퍼센트나 될는지 모르겠습니다. 그것도 반드시 은행 금고에 보관해야 하는 것이 아니에요. 필요하면 중앙은행에서 가져와도 됩니다. 제가 지금 드리는 말씀을 잘 이해하고 계신가요?

안 되시죠? 조금만 설명을 보탤게요. 1억의 예금을 받았을 때 지급준비율이 7퍼센트라 한다면 700만 원만 은행에 보관하면 돼요. 나머지 9300만 원은 빌려주고 이자를 받을 수 있어요. 그런데 실제로는 그 금액의 수십 배를 빌려줄 수 있어요. 한마디로, 은행은 자신이 가지고 있지도 않은 거금을 가지고 이자놀이를 한다는 것입니다. 이를 무한히 반복한다면 다섯 배까지 가능하다고 계산된답니다. 1억이면 5억이죠, 이자로. 은행은 나한테 200만 원을 주고 내 돈을 이용해서 수십 배 장사를 합니다. 1억을 예금한 고객에게는 고작 100~200만 원의 이자를 지급하지만, 은행은 예금을 이용해서 수백만에서 수천만 원의 이익을 낼 수 있는 구조입니다. 이런 식의 영업이 적법한 것이고요.

은행은 고객의 돈을 담보 삼아 금고에도 없는 거금을 빌려주고, 예금자보다 훨씬 많은 돈을 벌어들이지요. 은행 직원의 연봉이 높은 이유입니다. 은행이 여기저기에 건물을 가지고 있는 것도 똑같은 이유에서 비롯됩니다. 은행업은 막대한 이익이 보장되는 사업이지요. 그래서 아무나 은행을 운영할 수 없어요. 국가가 특권을 인정하는 몇몇 지배자들만이 은행을 경영할 수 있습니다.

은행의 신용경제가 지속되는 한 성장 이데올로기는 유지됩니다. 대부분의 기업은 은행에서 사업자금을 빌려서 공장도 짓고 기술도 개발합니다. 당연히 기업가는 은행에 거액의 이자를 지불합니다. 자기 돈만 가지고 사업하는 사람은 거의 없는 형편이지요. 기업과 은행의 관계는 떼려야 뗄 수 없어요. 기업가는 은행 빚을 갚고도 일정한 이익을 남겨야 되는 거죠. 당연히 공격적으로 경영할 수밖에 없어요. 되도록 나가는 월급도 깎고 원가도 낮춰야 경쟁력이 생기지요. 반면에 판매고는 계속 늘어나야 되는 거죠.

그런데요, 은행은 무슨 이유로 그렇게 많은 돈을 빌려주고 또 거액의 이자를 받는 것입니까? 엄밀한 의미로는 도무지 그럴 권리가 없을 것 같아요. 은행이 가지고 있지도 않은 돈을 빌려줬으니까 말입니다. 금고에 들어온 적도 없는 거금을 빌려주고 이자를 받다니요? 이것이 자본주의의 운영 원리입니다. 단순하게 설명하면 그런 것이지요. 좀 심하게 말하면, 은행은 국가와 공모해서 이자를 받아먹는 것입니다. 게다가 이자율도 마음대로 조절하지요. 이자율을 조금만 높이거나 낮춰도 경제의 방향이 바뀝니다. 주식에 투자하도록 유도하려고 이자율을 깎기도 하고, 자금을 늘려 현금을 회수하기 위해서 이자율을 높이기도 하죠. 특히 한국은행과 같은 각국의 중앙은행은 더욱 큰 권력을 행사해요.

중앙은행은 개인이나 기업이 벌어들이거나 지출하는 화폐 유통량의 극히 일부를 실제 화폐로 발행합니다. 시중에는 그렇게 많은 현금이 필요하지도 않거든요. 돈을 빌린다고 할 때도 대부액 전부를 현금으로 빌리는 경우는 거의 없습니다. 그러니까 돈을 빌려준다고 하는 행위도 실은 허무맹랑한 것이죠. 이자 역시 현금으로 주고받는 경우가 거의 없어요. 자본주의 사회에서 은행의 역할은 한눈에 내막을 들여다볼 수 없다는 점에서 신비하기까지 해요.

동학의 관점에서 보면, 21세기 현대 사회의 자본주의 경제체제는 장점도 있겠지만, 큰 틀에서 보면 그야말로 '마귀의 장난' 같은 것일 수가 있어요. 철폐되어야 할 사회악의 근원처럼 보입니다. 동학이 지향하는 생태적 공존공영의 사회와는 어울리지 않는 제도입니다.

대의제 민주정치의 청산

이제 정치적인 측면으로 고개를 돌려봅시다. 20세기 중반부터 우리 사회는 민주화에 많은 노력을 기울였어요. 성과도 있었어요. 오늘의 한국은 자타가 공인하는 민주주의 국가입니다. 그러나 조금만 비판적으로 검토해보면 아직도 많은 문제가 발견되지요. 우리는 과연 얼마만큼 민주적인 세상에 살고 있는가요?

특히 정당제도에 심각한 한계가 있어 보여요. 대의정치라고 하는 것이 민주주의와는 거리가 멀어 보일 때도 적지 않아요. 거대한 국가, 거대한 도시는 민주주의의 적이라고 생각되거든요. 민주주의는 그처럼 큰 단위에서는 제대로 작동하기가 어려운 것 같아요. 소수의 의견이 제대로 반영되지도 않고, 여간 큰돈을 쏟아붓지 않으면 시민들에게 이름 석 자도 알리기 어려우니까요. 대표를 선출하는 과정이 민주적이라기보다는 금권선거의 지배를 허용하는 장치로 오해되기 십상이지요.

민주주의가 원활하게 작동하려면 중국 고대의 노자가 말한 '소국과민(小國寡民)'으로 가지 않으면 안 될 것 같아요. 노자가 이상적이라 생각한 나라의 크기는 마을 규모였어요. 그 숫자를 일률적으로 정하기는 어렵기도 하고 별로 의미도 없어 보여요. 아무튼 서로가 서로를 충분히 알고 지낼 수 있을 정도로 작은 공동체가 민주주의에 적합할 것입니다. 동학의 포접제가 바로 적절한 규모일 거예요.

고대 그리스의 철학자 아리스토텔레스는 2000~3000명의 인구를 이상적인 국가의 인구로 생각했던 것 같아요. '유무상자'의 정신을 실천하기에는 그처럼 작은 규모의 공동체라야 되겠지요. 오늘날의 면 단위 정도로 보면 되겠네요. 개개인의 의사가 충분히 존중되려면 더욱 규모가 작은 공동체라야겠지요. 마을공동체가 잘 어울릴 것입니다. 조선시대에 '동약(洞約)'을 시행하던 정도의 규모인 셈이네요. 몇 개의 자연마을을 묶은 소규모 공동체 말입니다.

그러나 일률적으로 정하기는 어려울 것 같아요. 형편에 따라서 1000명이든 수천 명이든 다 괜찮을 것으로 보여요. 그러나 어떤 경우든지 서울처럼 1000만 인구를 자랑하는 도시는 완전한 민주정치를 실천하기에는 너무 규모가 방대하다는 생각이 들어요. 권력을 위임받은 사람과 권력을 위임해주는 사람이 서로의 이름도 모르고 얼굴도 모르는 사회에서는 민주주의가 제대로 시행되기 어려울 거예요.

오늘날 우리는 대한민국이라는 거대 국가 안에서 하나의 숫자에 지나지 않아요. 무엇을 하든 주민등록번호나 휴대폰 번호를 기입해야 하지 않아요? 10년을 똑같은 은행과 거래해도 막상 창구에 가서 볼일을 보려면 주민등록증이나 운전면허증 같은 증명서를 제시해야만 되는 사회, 그런 곳에 우리가 살고 있어요. 관료화된 사회인거죠. 모든 사람이 하늘로 대접받는 귀한 세상은 아니라고 생각되지요.

동학의 관점에서 보면, 우리는 대의제도의 한계를 극복해야 될 것입니다. 마을의 시대로, 포와 접의 조직으로 돌아가야 할 것입니다. 그런 의미에서 아나키즘이나 무정부주의가 답일지도 몰라요. 거대한 민족이나 민족국가 같은 것은 아무 필요도 없는 것일 수도 있어요. 민족은 서로의 거리가 너무 멀어요. 그런 거대 조직 속에서 산다는 것은 연대와 협동이라기보다는 제도와 법의 지배에 하늘을 맡긴 셈이지요. 사람들끼리의 약속과 신뢰에 의한 공동체 운영이 동학의 이상이라는 점을 기억하자고요. 우리가 모여서 사는 현대

국가는 동학의 이상과는 거리가 멀어요.

화해와 협동과 연대의 문화

우리 시대의 문화는 여러모로 독특합니다. 누구나 서로 만나서 직접 이야기하기보다는 스마트폰만 바라보고, 자기가 사는 지역의 풍물에 관해서는 무심하면서도 지구 건너편에서 벌어지고 있는 축구시합에는 지대한 관심을 갖는 식이지요. 저는 우리 시대의 문화가 무엇보다도 '소비적'이라고 생각해요. 많이들 동의하실 것입니다. 또 지구화라는 말을 많이들 하는데요. 실제로는 '미국화'에 매달려 있어요. 미국의 대중문화가 사실상 전 세계 시민의 심장을 지배하고 있는 형편이지요.

소비문화든 미국 중심의 대중문화든 이런 것을 동학은 과연 용인한다고 생각하시나요? 저는 아닐 것으로 짐작해요. 미국이라는 한 나라, 또는 그와 엇비슷한 한두 나라가 온 세상을 지배하는 것은 결코 '동학적'이지 않아요. 동학적이란 무엇인가요? 화해와 협동의 연대라고 생각해요.

"아, 그럼 그것은 현재 뉴욕에 본부를 둔 국제연합(UN)이라는 국제기구 같은 것인가요?" 이렇게 물을 이가 있을지도 모르겠네요. 아닐 것입니다. 국제연합은 솔직히 말해, 미국을 비롯한 강대국의 시녀에 불과하지 않아요? 여러 나라 사람들의 의견을 균형 있게 대변하는 기구라고 볼 수가 없어요.

여러분은 제 말씀이 너무 지나치다고 생각할지도 몰라요. 하지만 조금만 검토해보시면 금세 국제연합의 정체가 드러나지요. 지난 수십 년 동안 이스라엘이 팔레스타인 사람들에게 온갖 못된 짓을 했어도, 국제연합이 이스라엘에 대해 따끔한 충고 한 번 한 적이 있었든가요? 국제연합은 별로 힘도 없고, 강력한 우방도 없는 나라에 대해서는 규제니 제재니 하는 여러 조치를 취했어요. 앞으로도 그럴 것이고요. 하지만 국제연합은 지금껏 미국, 러시아, 중국이나 인도 또는 프랑스가 핵실험을 해도 진지하게 그런 문제를 규탄하거나 실질적으로 의미 있는 규제를 한 적이 없었죠. 과거에 소련이 반인권적 범죄 행위를 마음대로 자행했지만 한 번도 효과적으로 제재하지 못했죠. 국제연합 헌장에 명시한 것과 같이 세계평화를 위해서 실질적으로 기여한 바는 거의 없었단 말씀이죠.

동학에서 배운 지식을 응용해보면 우리의 시대에는 '글로컬라이제이션(glocalization)'이 필요하겠다는 생각이 들어요. 지구(global)와 지역(local)이 함께 공존하는 새로운 체제가 중요하겠어요. 이제 미국이나 한두 개의 특정한 나라를 모방하는 데 열심이기보다는, 아프리카든 아시아든 어느 나라 사람이라도 자존감을 가지고 최강대국이라는 미국, 중국, 일본, 독일 등과 어깨를 나란히 하는 평등한 관계를 설정해야 한다고 봅니다. 우리도 이미 그런 방향으로 많은 노력을 하고 있어요. 그러나 아직은 제대로 되었다고 말하기 어려울 것입니다. 그럼에도, 그런 세상을 앞당기려는 줄기찬 노력이 있어야겠어요.

　그러려면 우리는 무엇을 해야 할까요? 저는요. 그 방법은 각자가 처한 위치에 따라서 다르다고 생각해요. 일반 시민 또는 뜻이 있는 청년이라면 고전을 잘 읽는 것도 좋은 방법이 될 것 같아요. 틈틈이 『동경대전』과 『용담유사』이라도 한번 제대로 읽어보자는 것입니다. 그래야 자기가 속한 사회의 문화적 좌표를 객관적으로 인식할 수 있지 않을까 합니다.

질의응답

질 의

현대 서울처럼 수천만 명이 모여 사는 사회는 약점은 많고 장점
이 별로 없다고 하셨어요. 저는 그런 말씀을 듣고, 도시와 국가
의 규모가 커지면 커질수록 민주화도 문제가 생기고 삶의 질에
도 악영향을 미치게 되는 것 같다는 염려를 하게 되었어요.

응 답

맞아요. 제 생각은 그래요. 가령 미국처럼 복잡하고 거대한 국
가는 제대로 민주주의를 실천하기 어렵다고 봐요. 연전에 미국
의 퍼거슨시티에서 무슨 일이 벌어졌는지 아시지요? 시민들의
생명과 재산을 보호해야 할 경찰이 아무런 총기도 소지하지 않
은 흑인 청년을 그냥 쏴서 즉사하게 만들었어요. 미국에는 이런
일이 가끔 일어나요. 참고로 그 경찰은 백인이지요.

미국 사회에는 아직도 인종 간의 평등이라고 하는 것이 교과서
에만 적혀 있는 거지요. 시민들의 삶 속에 그런 이념이 깊이 뿌
리내리지 못했어요. 그래 가지고는 민주주의가 제대로 될 수가
없어요. 상당수 백인들은 흑인을 비롯한 유색인종을 멸시하고
의심하는 버릇이 있어요. 인간이면 누구나 평등하다는 신념이
없는 거죠.

그런데요, 질문자는 어쩌면 저한테 물어보고 싶은 말이 또 있을

것도 같아요. "교수님, 1000만 명이 지금 서울에 살고 있는데 어디론가 뿔뿔이 흩어져서 새로 마을을 이뤄야 한다는 뜻입니까?" 제 뜻은 그런 것이 아닙니다. 기왕에 1000만 명이 서울에 살고 있다면 다시 어디론가 갈 수는 없으니까요. 같은 아파트, 같은 거리에 살고 있는 시민들끼리 연대하고 협동하는 기회를 늘리는 것이 필요하다고 봐요. 무슨 말씀인지 이해하시겠죠?

한 동네 또는 한 아파트에 살고 있는 시민들이 오가며 서로 인사도 하고요, 함께 길거리 청소도 하고요, 아이들을 같은 학교에 보내고 함께 돌봐주는 일이 중요한 거지요. 그런데 그처럼 되려면 '베드(bed) 타운'은 진짜 '배드(bad) 타운'이라고 생각해요. 잠만 자고 다른 지역에 가서 일을 해야 한다면 공동체로서 기능할 수가 없어요. 되도록 한 지역에서 거주하고, 일하고 살수 있게 되었으면 합니다. 또 한곳에서 태어나고 자라서 결혼도 거기서 하고 아이를 낳아서 키우면 얼마나 좋을까 생각합니다.

제가 2000년대 초에 독일 베를린에 잠깐 살았어요. 베를린은 독일 최대 도시여서 인구가 300만 정도였던 것 같아요. 그 베를린에서 참 재밌는 말을 들었어요. 그곳 시민들이 저에게 뭐라고 말했는지 아세요? "베를린에 오신 걸 환영합니다. 그렇지만 착각하지 마세요." 그래서 제가 되물었어요. "무슨 착각이요?" "베를린은 도시가 아닙니다. 선생은 베를린시에 와 있는 것이 아니라, 베를린의 달렘 마을에 와 있어요." 이렇게 얘길 했어요. 제게는 그 말이 아직도 잊히지 않아요.

베를린 시민은 존재하지 않는 거죠. 베를린이라고 하는 대도시는 수백 개의 마을로 구성돼 있어요. 국제도시 베를린이 그래요. 으리으리한 명품 쇼핑거리야 물론 우리가 아는 휘황찬란한 국제도시 베를린이지요. 그 나머지는 대부분 마을이에요. 어떤 사람들은 거기서 텃밭 농사도 짓고 그래요. 유럽의 도시에는 어디나 다 농사를 조금씩 지을 수 있는 주말농장이 있어요. 유럽의 도시들은 우리의 서울처럼 삭막하게 거대 도시로 탈바꿈한 적이 없는 거지요.

현대 한국의 도시처럼 무미건조한 곳이 다른 대륙에는 거의 없어요. 산업화가 우리보다 100년 이상 빨랐던 서양의 도시들이 우리의 도시보다 더욱 목가적이란 사실이 충격적이지 않아요? 저 사람들은 마을의 연합체로서의 도시에 익숙한 것 같아요. 그들은 아직도 마을공동체에서 숨 쉬며 내일을 꿈꿔요.

우리나라 서울에서는 상상조차 안 되는 일인 거지요. 가령 강북에 사는 사람도 아침밥 먹고 일찍 강남으로 출근하고, 퇴근시간 되면 만원 전철 속에서 시달리며 강북으로 되돌아가는 식이죠. 이는 참 잘못된 구조라고 생각합니다.

1960년대 이후 한국의 산업화 세력은 경제성장의 효율성을 높이기 위해서 대도시 위주로 국토를 재편성했어요. 특히 서울과 같은 대도시 주변에는 잠만 자는 위성도시를 여러 개 만들었지요. 결과적으로 생활의 질이 악화되었고요. 만성적인 교통 문제, 교육 문제 등이 덩달아 생긴 것입니다. 실로 안타까운 일입니다.

새로운 경제공동체를 만들 수 있으면 멋지고 신나는 일이겠어요. 그런데요, 국가를 정치공동체라고 말하지만 실은 경제공동체이기도 하고, 그 밖에도 여러 가지 성격을 가진 공동체로 이해할 수도 있어요. 현대 한국 사회에서는 국가가 사실상 전부인 것 같아요. 이 국가는 새로운 공동체를 만들려는 시민들의 의지를 느낀다면 별로 환영하지 않을 것 같아요. 도대체 인간과 사회의 정체성이라는 것이 무척 복잡한 것인데요. 새로운 경제공동체가 가능하다면, 그런 정체성의 바탕은 무엇이 되어야 될까요? 오늘날에는 지연도 혈연도 이미 옛말이 되고 만 것 같은 느낌이 들어서, 무엇을 어떻게 해야 할지 모르겠어요.

현재로서는 우리의 문제의식을 날카롭게 하는 것이 필요한 일이라고 생각해요. 제가 제일 큰 문제라고 생각하는 것이 바로 국가와 국민이라는 개념입니다. 우리 사회에서는 누구나 국민이란 용어를 자주 사용해요. 대통령도 "국민 여러분!"이라고 부르면서 말을 꺼내기 일쑤지요. 그러나 저는, '국민'이란 말은 하루빨리 폐기 처분하는 것이 좋겠다고 봐요. 서구 여러 나라에서도 '국민'이라는 표현은 없는 것 같더군요. 국민, 즉 국가에 소속된 사람이라고 부르는 경우는 거의 없어요. 국민이라 부르는 법이 없고, '시민'이라고 부르는 것이 보통이죠.

알다시피 우리가 쓰는 '국민'이라는 용어는 따지고 보면 매우 불쾌한 과거와 직결되어 있어요. 국민이라는 말이 실은 '황국신민(皇國臣民)'의 준말이라고 봐야 해요. 일본은 천황제 국가여서 '황국'이라고 했죠. 천황이 다스리는 나라의 신하들이란 뜻에서 '황국신민'이라고 하고요. 그것을 줄여서 '국민'이라고 불렀고요. 과거에는 초등학교를 국민학교라고 했어요. 황국신민을 기르는 학교란 뜻이었지요. 그래서 이제 더 이상 국민학교라는 말을 사용하지 않아요. 그런데도 아직 멀쩡한 시민을 여전히 국민이라고 불러요. 좀 이상한 일이 아닌가요? 국민학교는 초등학교로 명칭을 바꾸었는데, 여전히 국민이란 말을 사용하는군요.

한국이란 국가가 있으니까 국민이 있는 것이 당연하다고 생각하는가 봐요. 제 생각은 다릅니다. 국가의 구성원은 자유와 평등의 가치를 지향하는 '시민'이죠. 국민이라는 말은 설사 '황국신민'을 염두에 두지 않았다 해도, 민족주의 또는 국가주의의 냄새가 짙게 풍기는 말입니다. 어떤 이는 우리 같은 약소국은 국가주의와 민족주의를 절대 포기할 수 없다고 말하는 것을 자주 보았어요. 국가에 속해 있음을 강조하는 용어니까요.

국민이란 용어는 시민의 자유와 시민의 자율성과 시민의 권리를 억압하는 언어적 폭력이 될 수 있다고 봐요. 우리는 국가에 얽매인 존재라기보다는 자유와 평등과 연대의 가치를 공유하는 자유로운 시민이라고 봅니다. 시민적 정체성을 확고히 다지는 작업이 필요한 것 같아요.

서구 사회에서도 시민이란 용어를 특별히 강조하는 것은 왜일까요? 서양 중세사회에서 자유를 획득한 이들은 도시의 시민이었으니까요. "도시의 공기는 자유롭다." 이런 말도 있었잖아요. 군주의 압제에서 벗어날 권리를 그들은 대가를 지불하고 획득한 것이었어요. 시민이란 말이 그만큼 특별했던 거예요. 시민이란 용어가 너무도 서구적이라서 저항감을 느끼게 된다고 항변할 이가 있을지도 모르겠습니다. 그러나 그 편이 국민보다는 100배 낫다고 생각합니다. 오늘날의 시민은 반드시 어느 도시에 살아야 하는 것이 아니지요. 장사를 한다는 뜻의 시민도 물론 아니지요. 자유인이기를 바라는 강한 열망이 있어야 시민인 것입니다.

자유인은 동학의 가치와도 잘 어울립니다. 누구에게도 종속되지 않는, 가장 존귀한 하늘이니까요. 국가를 우리가 지금 당장 해체할 수는 없지요. 그러나 언젠가 국가를 새로운 삶의 공동체로 개조해야 될 것이 아닌가요. 국민으로서가 아니라, 시민으로서 공동체의 개조에 앞장서야 할 것입니다.

서양 사람들의 역사적 행로를 그대로 되풀이하자는 것이 아니지요. 우리로서는 서양의 역사에서도 우리가 받아들일 만한 보편적인 가치를 그대로 흡수하고, 거기에 동학을 비롯해 우리의 전통 속에서 이어가고자 하는 가치를 융합하는 것이 옳겠다고 생각해요.

이것은 아마도 시간이 많이 필요한 작업일 테지요. 많은 시민들이 오랫동안 토론하고 합의라는 과정을 거쳐야 될 것입니다. 저는 우리가 언젠가는 그런 큰일을 해낼 줄로 믿어요. 역사를 오래오래 공부하면서 우리 시민의 능력을 더욱 확신하게 되었어요. 지난 수십 년 동안만 해도 박정희의 유신독재가 그렇게 심했으나, 시민들의 힘으로 넘어섰습니다. 그 뒤 전두환이라는 악랄한 군인이 세상을 쥐고 흔들었으나, 용감한 대학생들과 '넥타이 부대'라 불린 시민, 회사원의 힘으로 쫓아냈어요. 아직도 한국 사회에는 많은 어려움이 있고, 적폐라 불리는 고질적인 폐단이 도처에 많아요. 그래도 우리 시민들은 '촛불시민혁명'을 성공으로 이끈 역사적 경험이 있어요. 누구도 도저히 바꿀 수 없어 보이는 역사의 난제도 하나씩 해결한 것이 바로 우리 시민들의 지난 역사였어요. 우리에게는 역사를 바꿀 강력한 힘이 있다고 확신합니다.

질 의

옛날 사람들은 동학을 처음 접했을 때에도 별로 당황하지 않았을 것 같아요. 마을공동체 안에서 자연스럽게 배운 무엇인가가 있었으니까요. 교리를 배울 기회도 있었을 테고요. 그런데 말이지요, 현재의 상황은 많이 다르거든요. 우리 청년들이 교육 현장에서 동학을 스스럼없이 받아들이기는 매우 어려울 것 같아요. 무슨 좋은 방법이 있을지 궁금합니다.

응 답

아주 훌륭한 질문이에요. 맞아요. 19세기 말에는 청년들이 동학의 가르침을 배울 기회가 분명히 있었어요. 포와 접이 운영되었으니까 말입니다. 물론 그들이 교리를 배우는 제도권 학교가 존재하지는 않았습니다. 동학은 관헌의 탄압을 받고 있었지요. 나중에는 천도교 본부도 있고 지부도 있어서 정식으로 교육을 받을 수가 있었어요. 그러나 초기에는 '포접제'라는 일종의 비밀결사 안에서 교육이 이루어진 것이죠.

포접제라는 것은 접주를 말단 조직으로 하고, 그 위에 대접주가 있었지요. 접주라는 이는 마을 사람인 거죠. 그는 자신이 사는 마을을 중심으로, 이웃의 여러 마을을 아울러 '접'으로 삼은 거죠. 접주의 책임 아래 교도들에게 교육을 한 것입니다.

동학에 육임제라고 하는 직제가 있었어요. 동학의 말단 조직은 간부들이 여섯 가지 임무에 종사했던 것입니다. 그 가운데 '교수'라는 직책도 있었어요. 1894년에 최시형이 어느 마을에 사는 누구를 접주 또는 교수로 임명했다는 문서가 현재도 남아 있어요. 마을, 또는 이웃 마을의 평민지식인 가운데 교리를 아는 선생이 있어서 그에게 『동경대전』과 『용담유사』 등의 공부를 할 수가 있었던 것이죠.

만약 우리가 오늘날 그런 정신을 되살리려고 하면 비공식적인 마을학교가 있어야 되겠어요. 마을에 뜻이 있는 어른들이 모여서 배움터를 만들고, "얘들아, 이 책도 한번 같이 읽어보자. 이것도 한번 토론해보자. 이건 어떻게 생각하니?" 이런 식으로 운영할 수 있을 것입니다. 훌륭한 학교는 반드시 정규적인 학교라야 하는 것이 아니지요. 대학 입시공부만 중요하게 생각할 것이 아니라, 뜻있는 어른과 청소년이 무릎을 맞대고 앉아서 우리의 '오래된 미래'를 함께 공부하는 시간이 있어야겠어요. 사람들이 읽어야 할 책이 동학에 국한될 이유는 물론 전혀 없는 것이고요. 우리에게 동학이란 지나간 시절의 동학이어야만 할 필요가 없으니까요.

참고문헌

김양식 외, 『조선의 멋진 신세계』, 서해문집, 2017.

김춘성 외, 『해월 최시형과 동학 사상』, 한국철학총서 12, 예문서원, 1999.

박맹수 외, 『동학농민전쟁과 일본』, 한혜인 옮김, 모시는사람들, 2014.

박맹수, 『생명의 눈으로 보는 동학』, 모시는사람들, 2014.

백승종, 『생태주의 역사강의』, 한티재, 2017.

———, 『선비와 함께 춤을』, 사우, 2018.

———, 『정조와 불량선비 강이천』, 푸른역사, 2011.

———, 『한국사회사연구』, 일조각, 1996.

———, 『한국예언문화사연구』, 푸른역사, 2006.

슐룸봄, 위르겐(Schlumbohm, Jurgen), 『미시사의 즐거움』, 백승종 외 옮김, 돌베개, 2003.

윤석산, 『일하는 한울님 - 해월 최시형의 삶과 사상』, 모시는사람들, 2014.

이이화, 『전봉준, 혁명의 기록 - 동학농민전쟁 120년, 녹두꽃 피다』, 생각정원, 2014.

장일순, 『나락 한알 속의 우주』, 녹색평론사, 2016.

장지훈, 『한국 고대 미륵신앙연구』, 집문당, 1997.

전호근, 『한국 철학사 - 원효부터 장일순까지 한국 지성사의 거장들을 만나다』, 메멘토, 2018.

조경달, 『이단의 민중반란—동학과 갑오농민전쟁 그리고 조선 민중의 내셔널리즘』, 박맹수 옮김, 역사비평사, 2008.

최제우, 『동경대전』, 윤석산 옮김, 모시는사람들, 2014.

———, 『용담유사』, 양윤석 옮김, 모시는사람들, 2013.

테 하르, 바렌트(Ter Haar, Barend J.), 『중국역사상의 민간종교운동 - 백련교의 실체와 그 박
해』, 송요후 옮김, 신서원, 2007.

표영삼, 『표영삼의 동학 이야기』, 모시는사람들, 2014.

황현, 『오동나무 아래에서 역사를 기록하다 - 황현이 본 동학농민전쟁』, 김종익 옮김, 역
사비평사, 2016.